**JOÃO KEPLER**

PREFÁCIO DE GERALDO RUFINO

# O PONTO CEGO EMPRESARIAL

O que você não
está enxergando dentro
e fora do seu negócio

**Diretora**
Rosely Boschini
**Gerente Editorial Sênior**
Rosângela de Araujo Pinheiro Barbosa
**Editora**
Juliana Fortunato
**Assistente Editorial**
Camila Gabarrão
**Produção Gráfica**
Leandro Kulaif
**Preparação**
Debora Capella
**Capa**
Plinio Ricca
**Projeto Gráfico**
Márcia Matos
**Adaptação e Diagramação**
Juliana Ida
**Revisão**
Bianca Maria Moreira
**Impressão**
Edições Loyola

CARO(A) LEITOR(A),
Queremos saber sua opinião sobre nossos livros.
Após a leitura, siga-nos no **linkedin.com/company/editora-gente**, no TikTok **@editoragente** e no Instagram **@editoragente**, e visite-nos no site **www.editoragente.com.br**.
Cadastre-se e contribua com sugestões, críticas ou elogios.

Copyright © 2024 by João Kepler
Todos os direitos desta edição são reservados à Editora Gente.
R. Dep. Lacerda Franco, 300 – Pinheiros
São Paulo, SP – CEP 05418-000
Telefone: (11) 3670-2500
Site: www.editoragente.com.br
E-mail: gente@editoragente.com.br

Este livro foi impresso pela Edições Loyola em papel pólen bold 70 g/m² em novembro de 2024.

Dados Internacionais de Catalogação na Publicação (CIP)
Angélica Ilacqua CRB-8/7057

Kepler, João
  O ponto cego empresarial: o que você não está enxergando dentro e fora do seu negócio / João Kepler. - São Paulo: Editora Gente, 2024.
  192 p.

ISBN 978-65-5544-547-3

1. Administração de empresas I. Título

24-4435                                                    CDD 658

Índices para catálogo sistemático:
1. Administração de empresas

# NOTA DA PUBLISHER

Hoje, muitos empreendedores encontram-se presos no próprio negócio, tão envolvidos no operacional do negócio que não conseguem se afastar para enxergar o panorama geral. Eles enfrentam uma estagnação, incapazes de fazer o negócio crescer e – pior – sem saber como agir para sair dessa armadilha. Esses profissionais, que muitas vezes começam negócios com entusiasmo e visão, acabam sendo sufocados pelas demandas diárias e perdem a capacidade de focar o que realmente importa: estratégia, inovação e crescimento.

É exatamente nesse ponto que João Kepler oferece uma solução. Reconhecido como um dos maiores nomes do empreendedorismo no Brasil, João é investidor-anjo de milhares de startups e conhece muito bem essa situação. Estando há tanto tempo no mercado, ele também vivenciou os altos e baixos do mundo dos negócios. A vasta experiência que tem o coloca em uma posição única para ajudar outros empresários a superar esses desafios. Com sabedoria prática e abordagem direta, João guia o leitor para identificar os pontos cegos que impedem uma empresa de avançar.

Este livro contém ferramentas e insights que não são apenas teóricos, e sim testados e aplicados no dia a dia de quem vive o empreendedorismo. João convida a adotar uma perspectiva mais ampla, como ele mesmo diz, para ter uma "visão de drone", que permite observar o negócio de cima e entender como e onde estão os bloqueios que impedem o crescimento.

É hora de sair do ciclo de repetição automática e focar uma gestão criteriosa que liberte o empresário da prisão operacional. As estratégias apresentadas por João são práticas, inspiradoras e, sobretudo, eficazes. Então, convido você a mergulhar nessa leitura e descobrir como é possível transformar o seu negócio, ajustando a rota e criando novas possibilidades para ele.

Boa leitura!

**ROSELY BOSCHINI**
CEO e Publisher da Editora Gente

# SUMÁRIO

**INTRODUÇÃO** ..................................................... 9

**CAPÍTULO 1**
O que são desvios e tipos empresariais ................. 15

**CAPÍTULO 2**
Os desafios do mercado e os perigos à infraestrutura ... 23

**CAPÍTULO 3**
A criatividade em performance ............................ 31

**CAPÍTULO 4**
A anatomia da resposta ...................................... 39

**CAPÍTULO 5**
Sociedade, demanda e demanda ........................ 49

**CAPÍTULO 6**
O caminho do meio no manejo empresarial ........ 57

**CAPÍTULO 7**
Ambição, raça, cultura e ambição empresarial .... 65

**CAPÍTULO 8**
O branding e a influência de produtos e vendas ... 73

**CAPÍTULO 9**
Seus clientes, suas regras, sua ética .................... 83

**CAPÍTULO 10**
A forma da pergunta .......................................... 91

# SUMÁRIO

PREFÁCIO _____ 9

INTRODUÇÃO _____ 11

CAPÍTULO 1
O que são os pontos cegos empresariais _____ 15

CAPÍTULO 2
Os desafios enfrentados por pequenas e médias empresas ___ 23

CAPÍTULO 3
A armadilha da alta performance _____ 31

CAPÍTULO 4
A síndrome de Gabriela _____ 39

CAPÍTULO 5
A mentalidade da nova economia _____ 49

CAPÍTULO 6
O caminho do meio no mundo empresarial _____ 57

CAPÍTULO 7
A visão de drone para o sucesso empresarial _____ 67

CAPÍTULO 8
O pilar do crescimento sustentável: as vendas _____ 81

CAPÍTULO 9
A liderança consciente, servil e adaptável _____ 89

CAPÍTULO 10
A mentalidade investidora _____ 101

**CAPÍTULO 11**
O nível de consciência empresarial_____109

**CAPÍTULO 12**
A gestão de crises: preparação e resiliência_____123

**CAPÍTULO 13**
A cultura organizacional e o engajamento_____131

**CAPÍTULO 14**
A construção de comunidades_____139

**CAPÍTULO 15**
A tecnologia e a inovação: ferramentas para evitar pontos cegos__147

**CAPÍTULO 16**
A permanência no jogo_____153

**CAPÍTULO 17**
O planejamento estratégico de longo prazo_____163

**CAPÍTULO 18**
A chave do sucesso no Método JK_____169

**CAPÍTULO 19**
A força da ação para transformar objetivos em realidade_____177

**CAPÍTULO 20**
Um incentivo final_____185

CONCLUSÃO_____191

# PREFÁCIO

Você já conhece os seus medos, sabe bem o que teme. Mas já experimentou conhecer as suas coragens? É natural que ao longo da vida tenhamos medo de algumas coisas, porque o medo é o que nos mantém seguros, é o nosso próprio instinto nos avisando que estamos correndo riscos e precisamos ficar alertas. Porém, não temos de viver reféns dele. A ausência do medo nos coloca em situações perigosas, e o excesso de medo nos priva de viver novas experiências. É necessário existir um equilíbrio.

Não tenha medo de viver o novo, não tenha medo de errar e recomeçar. Errar faz parte do processo de qualquer pessoa – é assim que aprendemos desde a primeira bicicleta. Ninguém nasce sabendo andar. Caímos bastante até conseguirmos caminhar sozinhos. Na vida inteira é assim.

Sim, você vai errar, mas também vai aprender muito, desde que esteja disposto a não ser vaidoso e a não terceirizar a culpa. Aprenda com os seus erros e todos os dias suba um novo degrau. Se for necessário, recomece. Volte no dia seguinte e faça melhor.

As pessoas olham para a minha história e gostam de me colocar em uma posição exclusiva, sendo que tudo o que vivi diversos outros brasileiros vivem e superam também. Por isso, sempre digo que sou um empreendedor brasileiro, apaixonado por pessoas, conexões verdadeiras e propósitos.

Eu nasci na favela e aos 7 anos e meio perdi a minha mãe. Comecei a trabalhar ainda criança para ajudar a minha família e me sentir importante. Aquela fase foi só uma introdução de tudo que estava por vir.

A minha mãe foi a minha primeira mentora, e o pouco tempo que tivemos juntos foi suficiente para eu construir os meus verdadeiros valores, por isso tenho tanta gratidão pela passagem dela por aqui. Nunca lamentei ela ter partido, e sim agradeci ter aproveitado o máximo possível o tempo enquanto ela esteve comigo.

Aprendi muito cedo a ser grato, saber identificar o lado bom de todas as situações e que desistir não é – nem nunca foi – uma opção. As pessoas dizem que eu já quebrei seis vezes... Eu nunca fali, nunca fracassei, só fiquei sem dinheiro. Mas nunca perdi os meus valores.

Fico muito feliz em saber que você está com este livro em mãos. Ao final da leitura, tenho certeza de que a sua visão sobre o mundo e os negócios será outra. O conhecimento tem esse poder de transformar vidas, e eu acredito que devemos reconhecer que não sabemos tudo, estando sempre dispostos a aprender mais.

Nas próximas páginas, você será levado a fazer reflexões fundamentadas e olhar para dentro. Porque isto é o que o João oferece: muito conhecimento, conteúdos bem apresentados, sempre de modo prático, possibilitando ao leitor enxergar a aplicação de maneira simples e prática, na própria vida e nos negócios. Por isso, aproveite cada dica, estude e busque sempre evoluir as em suas ideias, ações e planos. Esse é o melhor caminho para crescer, e o Kepler é uma ótima referência para guiar você nesse caminho.

**GERALDO RUFINO**
Presidente do Conselho da JR Diesel

# INTRODUÇÃO

O que uma empresa precisa fazer para se manter no mercado, continuar a crescer e ganhar novos horizontes e públicos? Se você é empresário e não tem gastado tempo suficiente para refletir sobre essas questões e como sua marca deve se posicionar para enfrentar os desafios contemporâneos, já ficou para trás e inevitavelmente terá de correr contra o tempo perdido e buscar reverter omissões que podem fazer seu negócio fechar as portas.

Não sou nem quero ser o portador de más notícias, mas é fato que o mercado mundial mudou, assim como toda a sociedade, então simplesmente ignorar tudo o que está ocorrendo ao redor é com certeza o pior dos caminhos.

Nos últimos anos, temos experimentado novas maneiras de nos relacionar, nos conectar uns com os outros e com as diferentes empresas que prestam serviços e/ou vendem produtos ou soluções. Com uma comunicação cada vez mais direta, sem intermediários ou tempo a perder e novas exigências dos consumidores, é natural que negócios e líderes necessitem passar por um processo de amadurecimento, para que possam responder às mudanças desta nova era e ajudar a desenhá-la, dia após dia.

Por mais que todas essas transformações, rupturas e impactos possam assustar em um primeiro momento, toda evolução faz parte da humanidade, e resistir a ela só causará problemas e desgastes que poderiam ser evitados. Ainda, é fácil notar que os pioneiros em qualquer área são aqueles que entendem o jogo mais rápido e realizam mudanças que depois serão copiadas pelos demais.

Nesse contexto, cabe uma provocação inicial: você está totalmente perdido e não sabe o que fazer nem por onde começar? Coloque-se no lugar de seu cliente, passe a pensar em como seu negócio poderia ser melhor para quem precisa dele. Posso garantir que, ao se colocar nessa posição e refletir sobre tudo o que pode aperfeiçoar, novas ideias e caminhos vão se apresentar de maneira tão simples que chegarão a ser óbvios e surpreendentes.

O que você não pode fazer é continuar a replicar crenças, métodos e processos ultrapassados, sem consciência do que está fazendo (e das consequências dessa atitude). Agir de modo automático e sem estratégia é o que une empreendedores que colecionam fracassos. E você não é nem será um deles.

Independentemente do estágio e da situação em que você se encontre agora, a boa notícia é que está com este livro em mãos. Tenho certeza de que, ao fim da leitura, você terá ferramentas e informações suficientes para alterar sua realidade e avançar em seus projetos.

Seria injusto de minha parte estimular em você, leitor, novas reflexões e apresentar as mudanças das quais precisa participar sem lhe dar uma luz em relação ao que fazer e como seguir. Portanto, esta obra tem como objetivo aprofundar pontos já relacionados e, principalmente, apresentar o método que é fruto de meu conhecimento empírico, de muito estudo e inquietação particular. Com ele, você terá a condição real de modificar a história de sua empresa e, é claro, de recontar a sua própria.

Nas próximas páginas, você encontrará exemplos e dicas práticas aplicáveis, que o ajudarão a perceber que inovar e aumentar seu nível de consciência tem muito mais a ver com sua postura e suas decisões do que com as tecnologias ou os investimentos que precisa fazer. Está preparado?

Convido você a mergulhar comigo em um universo de oportunidades e descobertas que vão alterar sua maneira de perceber o mundo e as mudanças que estão acontecendo nele.

Resistir não é uma opção. Adaptar-se é o caminho. Aumentar seu nível de consciência é o que lhe permitirá aproveitar as melhores oportunidades neste novo mundo.

Boa leitura, bons negócios e muita visão!

## CAPÍTULO 1

# O que são os pontos cegos empresariais

## CAPÍTULO 4

# O que são os pontos cegos empresariais

Pequenas e médias empresas (PMEs) são a espinha dorsal de muitas economias, e enfrentar os desafios atuais muitas vezes parece uma batalha interminável para elas. A rápida evolução tecnológica, as mudanças constantes no comportamento dos consumidores e a intensificação da concorrência global têm feito muitos empresários lutarem para manter os negócios vivos. Eles se esforçam para faturar o suficiente, pagar as contas e, ao mesmo tempo, encontrar um equilíbrio entre trabalho e vida pessoal.

Foi nesse contexto que este livro surgiu, com o propósito de oferecer orientação prática e inspiradora para empresários que se sentem presos em uma "gaiola de ouro", cuja porta está aberta, mas as dificuldades do dia a dia os impedem de sair. Este não é um manual de negócios, é um guia para ajudar você a encontrar o caminho a fim de alcançar um sucesso sustentável e equilibrado.

Para compor esse cenário, vamos conhecer o João. Aos 28 anos, ele tem uma pequena padaria que, infelizmente, não está indo bem. Ele é filho, esposo e pai – a família está desestruturada porque ele se dedica tanto ao negócio que não consegue ver a própria filha. Ele sai de casa para trabalhar antes de a menina acordar e retorna tarde da noite, quando ela já está dormindo. João acredita firmemente no ditado "Quem engorda o gado é o olho do dono", o que torna extremamente difícil para ele se afastar da padaria. Além disso, vive se perguntando como poderia utilizar melhor a tecnologia, mas não sabe onde buscar ajuda.

O time que trabalha na padaria não é engajado o suficiente, o que aumenta ainda mais o receio dele de se afastar do negócio, mesmo que por algumas horas do dia. João sente uma pressão constante, tanto interna quanto externa, para encontrar o equilíbrio entre o trabalho e a vida pessoal, mas não consegue enxergar uma solução. Ele precisa de um norte, de uma direção clara e prática para sair dessa situação.

Este livro foi escrito para empresários como João, que estão comprometidos com os próprios negócios e também desejam e merecem ter uma vida pessoal equilibrada e gratificante. Aqui, você encontrará estratégias para otimizar suas operações, melhorar o engajamento de sua equipe e utilizar a tecnologia de modo inteligente para facilitar e potencializar seu negócio.

Vamos explorar juntos como desenvolver uma visão estratégica que permita antecipar mudanças no mercado, integrar práticas sustentáveis e sociais e, acima de tudo, criar um negócio que não só sobreviva, mas também prospere. Vamos descobrir como sair da "gaiola de ouro" e transformar sua empresa em uma força inovadora e resiliente.

Prepare-se para viver uma jornada de autoconhecimento e transformação empresarial. A partir de agora, tenho o prazer de passar a ser seu companheiro nesta caminhada, oferecendo ferramentas e insights práticos que ajudarão a redefinir seu caminho para o sucesso. Vamos encontrar o equilíbrio entre a vida profissional e a pessoal e construir um negócio que reflita seus valores e suas aspirações mais profundas.

## O PONTO CEGO

O ponto cego é uma área na retina à qual o nervo óptico se conecta, resultando em uma falta de células sensíveis à luz. Esse fenômeno impede que a retina capture a imagem naquela região específica, o que cria um ponto cego no campo de visão. Como não há a percepção de parte do campo visual, o cérebro compensa e completa esse ponto com dados e percepções que ele tem de imagens periféricas captadas.

Nos negócios, pontos cegos surgem de maneira semelhante, quando você falha em reconhecer mudanças importantes no mercado ou em sua empresa. Essa lacuna pode ser causada por diversos fatores, como falta de dados, preconceitos e cultura organizacional que desencoraja a comunicação aberta e o feedback honesto.

Assim como no fenômeno óptico, os pontos cegos empresariais podem ser perigosos. Ignorar essas brechas pode levar a decisões mal-informadas, à perda de oportunidades e, em casos extremos, ao declínio do negócio. **A capacidade de identificar e ajustar os pontos cegos corporativos é crucial para a sobrevivência e o crescimento das empresas.**

Organizações de todos os portes enfrentam desafios constantes. As PMEs encontram-se em uma posição especialmente vulnerável devido à evolução rápida da tecnologia, às mudanças no comportamento dos consumidores e à intensificação da concorrência global. Essas adversidades fazem muitos empresários lutarem para se manter à tona, faturar e pagar as contas.

Para essas companhias, a identificação dos pontos cegos pode ser a diferença entre prosperar e falhar. A evolução tecnológica, por exemplo, pode ser uma bênção ou uma maldição: se bem utilizada, pode gerar eficiência e novas oportunidades de mercado; se ignorada, pode deixar a empresa obsoleta.

Assim como no fenômeno óptico, em que a visão completa só é possível se ambos os olhos trabalharem em conjunto, no mundo dos negócios uma visão completa só pode ser alcançada por meio da colaboração e da comunicação eficaz. Quando você cultiva uma cultura de feedback aberto e honesto, na qual todos os membros de sua equipe se sentem à vontade para expressar preocupações e ideias, sua empresa se torna mais capaz de identificar e corrigir os pontos cegos do negócio.

O fato é que, em geral, a capacidade de aprimoramento do erro é subestimada. Sim, você leu certo. Quando não resolvido, o erro persiste tanto que se aperfeiçoa, evolui e se torna uma parte relevante e disfuncional da rotina. É comum que empresários se neguem a enxergar e encarar os próprios erros.

A ideia de que algo deu errado é muitas vezes varrida para debaixo do tapete, escondida por justificativas, desculpas e ilusões: "Foi só um deslize", "Vou aprender com esse erro", "Da próxima vez será diferente". A verdade é que, sem uma abordagem direta e a vontade real de corrigir, o erro permanece, se instala e – o pior – se aprimora.

**O pior erro é aquele que se transforma em verdade.** Aceitar uma falha como parte do processo, sem fazer uma análise crítica e a devida correção, é como plantar uma semente ruim que crescerá e se espalhará. Essa aceitação cria um ambiente onde os erros se multiplicam e se transformam em normas operacionais. O resultado? Um negócio que opera com fundamentos instáveis e uma vida repleta de autoengano.

Deixar para resolver os problemas amanhã é o combustível de que o erro precisa para crescer. Cada adiamento é uma oportunidade perdida de intervenção. Cada dia que você passa sem encontrar uma solução é um dia em que o erro se adapta e descobre novas maneiras de se infiltrar nas operações, tornando-se ainda mais difícil de ser erradicado. A procrastinação, muitas vezes disfarçada de prioridades concorrentes, é a desculpa perfeita para não agir – e é assim que o erro persiste.

O erro que se aprimora é aquele que faz você mentir (até para si mesmo). **Sem a devida atenção, os pequenos problemas se transformam em grandes desastres, porque se infiltram nos processos, se adaptam a novas regras e se tornam cada vez mais difíceis de serem identificados. Por isso, o erro tem de ser encontrado e corrigido abruptamente.**

Imagine uma pequena briga, que parece apenas um pequeno desentendimento, fácil de ignorar. Em vez de resolver a questão, você simplesmente a deixa passar, acreditando que se resolverá sozinha com o tempo. Os dias passam, e as pequenas brigas continuam, tornando-se até uma rotina. Assim é com os erros: uma pequena falha não corrigida de maneira efetiva pode se transformar em um grande problema que, ao integrar o cotidiano, pode eventualmente não ter mais uma solução saudável, seguindo em uma espiral negativa.

Romper esse ciclo de aprimoramento do erro requer uma mudança radical de atitude. É necessário ter um compromisso com a transparência e a verdade, bem como a vontade de enfrentar a realidade, por mais dolorosa que ela possa ser. "Doa a quem doer." Por quê? Porque o erro evolui em silêncio até que se torna um padrão em sua vida e em seu negócio. A solução está em usar uma abordagem proativa e sistemática para identificar o erro e o resolver.

O erro não precisa ser um inimigo imbatível. Quando enfrentado e corrigido rapidamente, ele pode se tornar uma ferramenta poderosa de aprendizado e crescimento. Porém, ao ser ignorado e ter a chance de evoluir, ele se torna uma força destrutiva capaz de dominar seu negócio e sua vida, gerando consequências desastrosas.

Provocativo? Sim. Necessário? Mais do que nunca. **Identifique e encare seus erros hoje, antes que eles comecem a prejudicar você.**

# CAPÍTULO 2

# Os desafios enfrentados por pequenas e médias empresas

A intensificação da concorrência global indica que as PMEs estão competindo não apenas com outras pequenas empresas locais, mas também com grandes corporações multinacionais, que têm recursos significativamente maiores. Esses fatores criam um ambiente de negócios extremamente dinâmico e desafiador, no qual as empresas precisam estar sempre vigilantes e adaptáveis, para que possam sobreviver e prosperar.

## A IMPORTÂNCIA DE IDENTIFICAR E AJUSTAR OS PONTOS CEGOS EMPRESARIAIS

Reconhecer e ajustar os pontos cegos é crucial para a sobrevivência e o crescimento das empresas. Companhias que conseguem identificar e corrigir os pontos cegos são capazes de tomar decisões mais bem-informadas e estratégicas, o que pode levar a um desempenho melhorado e a um crescimento sustentável.

A identificação de pontos cegos começa com a disposição de olhar criticamente para todas as áreas do negócio e buscar ativamente feedbacks de diversas fontes, o que inclui ouvir funcionários, clientes, fornecedores e outras partes interessadas. Além disso, você deve investir em ferramentas e tecnologias que possam ajudar a monitorar e analisar o desempenho de modo mais eficaz, como softwares de análise de dados, pesquisas de satisfação do cliente e auditorias internas.

## EXEMPLOS PRÁTICOS E ESTUDOS DE CASO

Nos anos 1990 e início dos anos 2000, a LEGO enfrentou dificuldades financeiras devido à falta de inovação, perdendo relevância e mercado para concorrentes mais inovadores. Ao rever a própria estratégia e colaborar com franquias populares como *Star Wars* e *Harry Potter*, a companhia conseguiu revitalizar a marca. Além disso, introduziu plataformas digitais interativas e kits de robótica à linha de produtos, alinhando-se a tendências de Ciência, Tecnologia, Engenharia e Matemática (CTEM) – ou *Science, Technology, Engineering* and *Mathematics* (STEM).[1] Esse exemplo ilustra como a disposição para identificar e ajustar os pontos cegos pode levar a uma transformação bem-sucedida.

Na década de 2000, a Microsoft falhou em reconhecer a importância dos dispositivos móveis e da computação em nuvem, tendo se concentrado excessivamente no Windows e em outras ofertas de softwares tradicionais. Sob a liderança de Satya Nadella, a companhia mudou o foco para a computação em nuvem e serviços relacionados, lançando o Microsoft Azure e redefinindo o Office como uma suíte de aplicativos baseada na nuvem.[2] Essa modificação não apenas recuperou a relevância dela como também impulsionou o crescimento da marca no mercado. A história da Microsoft destaca a importância de se adaptar às mudanças tecnológicas e de mercado para evitar pontos cegos.

Até 2009, a Domino's enfrentava críticas severas quanto à qualidade das pizzas que produzia, o que estava afetando com gravidade as vendas e a reputação da marca. Em um

---

1. SANTIAGO, G. Da quase falência ao topo: como a Lego evitou o colapso com apenas uma nova estratégia?. **Exame**, 6 jun. 2024. Disponível em: https://exame.com/negocios/da-quase-falencia-ao-topo-como-a-lego-evitou-o-colapso-com-apenas-uma-nova-estrategia. Acesso em: 3 out. 2024.

2. RIBBE, F. Como Satya Nadella fez a Microsoft ressurgir e valer US$1 trilhão. **Jornal do Brasil**, maio 2019. Disponível em: https://www.jb.com.br/colunistas/inovacao_jb/2019/05/997797-como-satya-nadella-fez-a-microsoft-ressurgir-e-valer-us-1-trilhao.html. Acesso em: 3 out. 2024.

movimento ousado, a companhia lançou uma campanha publicitária na qual admitia que as pizzas não eram boas. Em seguida, reformulou completamente a receita, melhorou os ingredientes e transformou a qualidade do produto.[3] Essa transparência e a disposição para mudar ajudaram a Domino's a reconquistar a confiança dos clientes e a melhorar significativamente as vendas e a reputação. Esse caso mostra como enfrentar abertamente os pontos cegos pode provocar recuperação e crescimento.

Os pontos cegos empresariais representam uma ameaça considerável para qualquer negócio, mas, com a abordagem certa, podem ser identificados e corrigidos. Exemplos de empresas como LEGO, Microsoft e Domino's Pizza demonstram que, mesmo nos momentos de maior desafio, há oportunidades para transformação e aprimoramento. Reconhecer e ajustar os pontos cegos não é uma questão de sobrevivência, e sim uma estratégia essencial para alcançar um sucesso sustentável e de longo prazo.

## O PODER DA DISTRIBUIÇÃO

O produto é apenas um meio. É claro que ele é importante, mas há outros elementos que podem pesar muito mais no sucesso de um negócio. Muitas empresas se iludem ao acreditarem que ter um produto perfeito é a chave para o crescimento exponencial. A realidade, no entanto, é bem diferente: a verdadeira força motriz de uma empresa escalável é a **distribuição**.

Dedicar todas as energias ao desenvolvimento de um produto sem antes garantir que ele seja desejado pelo mercado certo é um erro que pode custar caro. Já vi empresas

---

3. RODRIGUES, I. Estudo de caso Domino's Pizza: como ela criou e dominou o segmento de "fast pizza". **G4 Educação**, 12 ago. 2024. Disponível em: https://g4educacao.com/portal/estudo-de-caso-dominos-pizza. Acesso em: 3 out. 2024.

investindo milhões em um software que, na teoria, resolveria todos os problemas dos clientes, mas que, na prática, falhou em entregar valor. Não importa quão incrível seja seu produto: se você não acertar na distribuição, ele não vai chegar ao público certo. E, sem público, não há escala. A distribuição é o que conecta o produto ao mercado – e ela realmente determina o sucesso.

**Não se trata de fazer o melhor brigadeiro de Nutella com castanha do mundo, e sim de quem precisa ou gosta de comer esse sabor e como você vai fazer esse produto chegar até essas pessoas pelo preço adequado.**

A escala depende, sobretudo, de acertar o perfil do cliente ideal (PCI) – ou *Ideal Customer Profile* (ICP) – e ter uma estratégia eficiente de distribuição. Pode parecer óbvio, mas muitas empresas gastam tempo e dinheiro desenvolvendo soluções para um mercado que, na verdade, não precisa delas. Quando isso acontece, o resultado é frustrante: canais de aquisição saturados, retornos abaixo do esperado e, em alguns casos, quebra financeira. Ter claro quem realmente necessita de seu produto ou serviço e garantir que ele seja entregue de modo eficaz é fundamental para evitar esse tipo de armadilha.

A proposta de valor também desempenha um papel crucial nesse processo. Não adianta ter um produto excelente, distribuído de modo certo, para o público certo, se a proposta de valor não for clara. As pessoas precisam entender, de maneira simples e direta, por que devem escolher sua solução, e não a do concorrente. Essa clareza só vem quando você conhece profundamente o mercado em que atua e sabe comunicar de modo eficaz os benefícios do que está oferecendo. A proposta de valor, combinada com uma distribuição eficiente, é o coração de toda a estratégia.

Empresas que escalam com sucesso têm algo em comum: elas priorizam a distribuição e a geração de receita desde o primeiro dia. E isso não significa depender exclusivamente de um produto perfeito. Muitas vezes, produtos, serviços e soluções simples e eficazes são o caminho mais inteligente. Essas alternativas permitem que você valide o mercado, gere caixa rapidamente e, ao mesmo tempo, continue ajustando e desenvolvendo seu produto sem ter a pressão esmagadora de um grande investimento inicial.

Portanto, não se deixe enganar pela ideia de que sua empresa precisa ser uma startup de software para crescer. O que realmente importa é a capacidade de ajuste na combinação entre distribuição, perfil de cliente ideal e proposta de valor. Como já citei, o produto é apenas um meio para alcançar esses objetivos. Se você focar a distribuição e a construção de uma base sólida de clientes, todo o resto vai se encaixar. No fim das contas, o que faz uma empresa escalar não é o impactante design do produto, e sim o quão bem ele é distribuído e atende às necessidades do mercado.

O erro de muitos empreendedores é achar que a tecnologia resolve tudo, sem considerar as particularidades do negócio e do mercado. Se há algo que você deve aprender é que cada empresa tem o próprio caminho para o sucesso. E esse caminho passa, prioritariamente, por uma distribuição eficaz.

Foque a criação de valor e o alcance de seu público-alvo de maneira eficiente. Essa é a verdadeira base para ter uma escala sustentável. Dedique tempo para pensar exclusivamente nisso.

# CAPÍTULO 3
# A armadilha da alta performance

A cultura da alta performance tem sido promovida como o caminho para o sucesso empresarial, no qual a excelência constante e a superação de metas são glorificadas. No entanto, essa busca incessante pela alta performance pode levar a riscos significativos. Ao se concentrar exclusivamente em resultados de curto prazo, você pode acabar sacrificando a qualidade, a ética e a sustentabilidade das operações.

A pressão constante por resultados pode criar um ambiente tóxico de trabalho, no qual funcionários se sentem sempre sobrecarregados e desvalorizados. A busca pela alta performance pode também levar à negligência das necessidades de longo prazo de sua empresa, resultando em decisões "míopes" que podem comprometer o futuro do negócio.

## OS DESAFIOS DE FOCAR APENAS RESULTADOS DE CURTO PRAZO

Focar apenas resultados de curto prazo pode provocar uma série de problemas. Primeiro, pode gerar decisões que maximizam ganhos imediatos às custas de benefícios no longo prazo. Isso pode incluir cortar custos de maneira que comprometa a qualidade dos produtos ou serviços ou, ainda, ignorar investimentos em inovação e desenvolvimento, que são cruciais para o crescimento futuro.

Além disso, a pressão constante por resultados pode deteriorar o bem-estar dos funcionários, levando a uma alta rotatividade e a uma cultura insustentável de trabalho. Colaboradores que estão sempre sob pressão para entregar mais podem sofrer da síndrome de burnout, ou síndrome do esgotamento profissional, que afeta a saúde e o bem-estar, bem como a produtividade e o moral da equipe.

## AS ESTRATÉGIAS PARA ALCANÇAR UM EQUILÍBRIO SUSTENTÁVEL

Para alcançar um equilíbrio sustentável, você deve adotar uma abordagem holística que valorize tanto o bem-estar de seus funcionários quanto os resultados financeiros. Isso começa com a definição clara de valores fundamentais que guiarão todas as decisões de negócios. Esse equilíbrio deve ser entre rapidez e qualidade, inovação e ética, lucratividade e impacto social e pode ser conquistado por meio da implementação de práticas de trabalho flexíveis, programas de saúde mental e oportunidades de desenvolvimento profissional.

Também é crucial estabelecer metas realistas que incentivem o crescimento sem exigir sacrifícios insustentáveis. Empresas como Salesforce e Google demonstraram que é possível ser bem-sucedido no mercado enquanto se promove uma cultura de trabalho positiva e se investe em automação para reduzir cargas de trabalho repetitivas, como você pode acompanhar a seguir.

## EXEMPLOS DE EMPRESAS QUE IMPLEMENTARAM PRÁTICAS EQUILIBRADAS COM SUCESSO

A Salesforce conseguiu equilibrar alta performance e cultura positiva de trabalho. A empresa promove um ambiente que valoriza o bem-estar dos funcionários, oferecendo programas de saúde mental, horários flexíveis e oportunidades de desenvolvimento profissional. Também investe em automação e tecnologia para reduzir tarefas repetitivas, permitindo que os funcionários se concentrem em trabalhos mais significativos e criativos. Essa abordagem melhora a produtividade e a satisfação dos funcionários e contribui para o crescimento sustentável da empresa.

A Google é conhecida pela cultura de inovação e alta performance, além de se destacar por práticas equilibradas de trabalho. A empresa oferece uma série de benefícios aos funcionários, incluindo refeições gratuitas, academias de ginástica, programas de saúde mental e espaços colaborativos de trabalho. Promove, ainda, a inovação sustentável, incentivando os funcionários a dedicarem parte do tempo a projetos criativos que possam beneficiar a empresa no longo prazo. Essa abordagem não só atrai talentos de alta qualidade como também mantém os funcionários motivados e engajados, o que resulta em uma cultura de trabalho produtiva e positiva.

A Zappos é conhecida pela cultura centrada no atendimento ao cliente e se destaca pela maneira como equilibra a alta performance e o bem-estar dos funcionários. A empresa oferece uma variedade de benefícios, incluindo programas de bem-estar, horários flexíveis de trabalho e oportunidades de crescimento profissional. Além disso, incentiva uma cultura de transparência e feedback aberto, o que ajuda a identificar e resolver problemas rapidamente, mantendo o moral da equipe alto e promovendo um ambiente de trabalho saudável e colaborativo.

## A IMPLEMENTAÇÃO DE PRÁTICAS SUSTENTÁVEIS

Implementar práticas sustentáveis começa na liderança da empresa. Os líderes devem ser os primeiros a adotar e promover o equilíbrio saudável entre a alta performance e o bem-estar. Isso inclui estabelecer políticas que promovam esse equilíbrio e dar o exemplo positivo ao seguir essas mesmas práticas.

Uma das abordagens eficazes é criar uma cultura de feedback constante e aberto, que pode ser implementado com pesquisas regulares de satisfação dos funcionários, reuniões de feedback e sessões de brainstorming nas quais todos se sintam à vontade para compartilhar opiniões e ideias. Além disso, invista em programas de desenvolvimento pessoal e profissional que ajudem seus funcionários a crescer e se desenvolver dentro da organização.

Outra estratégia é implementar políticas flexíveis de trabalho que permitam aos funcionários equilibrar melhor a vida profissional e a pessoal. Isso pode incluir horários flexíveis de trabalho, opções de trabalho remoto e políticas de licença que apoiem os colaboradores em momentos de necessidade.

Nesse cenário, a armadilha da alta performance é um risco real e pode ser evitada ao se adotar uma abordagem equilibrada que valorize tanto os resultados financeiros quanto o bem-estar. Companhias que conseguem implementar práticas sustentáveis e criar uma cultura de trabalho positiva melhoram a produtividade e a satisfação dos funcionários, bem como aumentam as chances de obter sucesso no longo prazo.

Os exemplos de Salesforce, Google e Zappos mostram que é possível alcançar a alta performance sem sacrificar a qualidade de vida dos trabalhadores e o crescimento sustentável da empresa. Ao adotar uma abordagem equilibrada, você pode criar um ambiente que promova tanto a excelência quanto o bem-estar, resultando em um sucesso duradouro e sustentável.

## A REALIDADE DO LÍDER EMPREENDEDOR

A vida do empreendedor é repleta de desafios que muitos livros de negócios não abordam. Os guias e manuais tratam de grandes metas e estratégias brilhantes, porém o verdadeiro teste vem quando tudo parece desmoronar ao redor desses profissionais. A luta é real e não está relacionada a quanto se bate, e sim a quanto se aguenta apanhar.

Você começa com uma visão clara, um plano bem-traçado e o entusiasmo de construir algo incrível. Então a realidade rapidamente acorda você. O produto tem problemas, o mercado não está respondendo como o esperado e os colaboradores começam a perder a fé. É nesse ponto que muitos se perguntam: "Por que eu comecei isso?" ou "Por que eu não estou conseguindo evoluir?".

A resposta para essas perguntas reside na capacidade de enfrentar a luta e se adaptar, quando você questiona cada decisão, cada movimento, e se sente sobrecarregado pelo peso da responsabilidade. É nesse momento que muitos falham, mas também é aqui que a verdadeira grandeza pode surgir: a resiliência. Compartilhar o peso da decisões, pedir ajuda e enfrentar cada problema com coragem são passos essenciais para superar esses momentos difíceis.

Quando tudo está dando errado, a tendência natural é proteger colaboradores, familiares e investidores das más notícias, mas a verdade é que isso pode quebrar a confiança de todos eles. A transparência ao saber comunicar o que está acontecendo não apenas constrói laços, mas também mobiliza todas as mentes da empresa para resolver os problemas mais difíceis.

Lembrar que más notícias correm rápido e boas notícias andam devagar mostra que o certo é mesmo compartilhar. Um líder que não consegue gerenciar a própria mente não pode esperar liderar uma equipe com equilíbrio. Liderar é uma atividade solitária, na qual a pressão constante pode levar qualquer um ao limite. Nesse sentido, é essencial buscar autoconhecimento e encontrar maneiras de gerenciar a própria psicologia. Desenvolva técnicas para respirar, manter a calma e separar as emoções dos problemas para estabelecer uma perspectiva positiva.

Crises vão acontecer. É inevitável. O modo como você lida com elas é o que define seu sucesso. Tenha um plano, mas esteja preparado para desapegar, improvisar e pivotar. A capacidade de tomar decisões rápidas e eficazes durante uma crise é o que separa os grandes líderes dos medíocres. Mas tenha atenção, pois é fundamental saber decifrar e separar a insistência da persistência.

Grandes líderes enfrentam a dor, passam noites sem dormir, suando frio. Ao viverem momentos de dificuldade, eles nunca colocam a culpa em terceiros e sempre assumem as próprias falhas. Esses profissionais defendem que essas ações e posturas diante dos momentos mais difíceis são essenciais para a superação das dificuldades. Afirmam que construir uma empresa grandiosa tem relação não apenas com habilidades ou inteligência, mas também com consciência, coragem e resiliência.

A jornada é dura, os desafios são imensos, e é na "luta" que encontramos nossa verdadeira grandeza. Por isso, continue firme, compartilhe o peso das vivências e nunca – jamais! – desista. Liderar é difícil, mas a recompensa de ver seus planos se tornarem realidade e a prosperidade chegar faz valer a pena cada batalha enfrentada.

CAPÍTULO 4

# A síndrome de Gabriela

No clássico da literatura brasileira *Gabriela, cravo e canela*, de Jorge Amado, a personagem Gabriela é descrita como alguém que, apesar das mudanças ao redor, permanece essencialmente a mesma.[4] No mundo dos negócios, com frequência essa característica é refletida na tendência de as empresas se apegarem a métodos antiquados simplesmente porque "sempre fizemos assim". Nesse cenário, a complacência pode ser um dos maiores inimigos do sucesso empresarial. Negócios que se tornam complacentes, que se acomodam nos próprios métodos e em processos antiquados, correm o risco de se tornarem obsoletos. A complacência pode provocar estagnação, falta de inovação e, em muitos casos, falência.

Essa armadilha é especialmente perigosa em um ambiente de negócios em constante mudança. As preferências dos consumidores evoluem, novas tecnologias emergem, e os concorrentes inovam: se você não acompanha essas variações, sua empresa fica para trás. A resistência à mudança pode ser causada por diversos fatores, incluindo o medo do desconhecido, a falta de visão estratégica e uma cultura organizacional que valoriza a estabilidade mais do que a inovação.

## A IMPORTÂNCIA DE DESAFIAR O *STATU QUO*

Desafiar o *statu quo* não significa mudar por mudar, e sim fazer uma avaliação contínua e crítica de todas as operações da empresa, com o objetivo de identificar áreas que podem

---

4. AMADO, J. **Gabriela, cravo e canela**. São Paulo: Companhia das Letras, 2012.

receber melhorias significativas. Esse processo começa com a definição de uma cultura empresarial que valoriza a curiosidade, a experimentação e o aprendizado contínuo. Fomentar um ambiente onde o questionamento é incentivado faz sua empresa estar mais bem posicionada para inovar e se adaptar. Afinal, a inovação não implica apenas criar produtos ou serviços, mas também melhorar processos, encontrar novas maneiras de atender às necessidades dos clientes e explorar novos mercados.

Para desafiar o *statu quo*, você precisa estar disposto a correr riscos calculados, o que envolve experimentar novas ideias, mesmo que algumas delas falhem. É por isso que a falha deve ser considerada uma oportunidade de aprendizado, e não um fracasso. Também é crucial que a liderança de sua empresa apoie a inovação e esteja aberta a investir em novas iniciativas, já que a falta de apoio nesse quesito pode sufocar a inovação e impedir que a companhia se adapte às mudanças do mercado.

## EXEMPLOS DE EMPRESAS QUE INOVARAM COM SUCESSO

Originalmente um serviço de aluguel de DVDs por correio, a Netflix logo percebeu a mudança nos hábitos de consumo dos consumidores e pivotou para o streaming de vídeo, tornando-se líder de mercado no segmento. Essa mudança não foi apenas uma adaptação, foi uma reinvenção do modelo de negócios, o que a colocou à frente de gigantes da época, como a Blockbuster.[5] A disposição da Netflix de desafiar o

---

5 SANTIAGO, G. De vencedora a vencida: como a Blockbuster foi desbancada pela Netflix com uma estratégia financeira. **Exame**, 11 jun. 2024. Disponível em: https://exame.com/negocios/de-vencedora-a-vencida-como-a-blockbuster-foi-desbancada-pela-netflix-com-uma-estrategia-financeira. Acesso em: 3 out. 2024.

*statu quo* e se adaptar às novas realidades do mercado é um exemplo claro de como a inovação pode ser uma alavanca poderosa para o sucesso.

Conhecida pela inovação constante, a Apple raramente se contenta com o sucesso do momento. Desde reinventar a indústria da música com o iPod até redefinir a comunicação móvel com o iPhone, a companhia continua a desafiar o *statu quo*, sempre buscando melhorar e expandir a própria linha de produtos e serviços.[6] A cultura de inovação da Apple é profundamente enraizada na organização, incentivando os funcionários a pensarem de maneira criativa e buscarem novas soluções para problemas antigos.

Inicialmente focada em aspiradores de pó, a Dyson expandiu o próprio portfólio para incluir produtos inovadores em categorias diversas, como secadores de cabelo e ventiladores, sempre visando melhorar a tecnologia existente e resolver problemas de maneiras novas e eficazes.[7] Essa abordagem permitiu que a marca se destacasse em mercados competitivos, oferecendo produtos que combinam funcionalidade e design elegante.

## A INOVAÇÃO NA PRÁTICA

Para efetivamente implementar a inovação, você deve adotar uma abordagem estruturada que inclua as seguintes ações:

- 💡 Pesquisa e desenvolvimento (P&D): investir em P&D é essencial para a inovação. Isso permite explorar novas ideias e tecnologias que podem transformar

---

6 POR DENTRO da cultura organizacional única da Apple. **The Team**, 16 jan. 2024. Disponível em: https://theteam.blog/pt/cultura-organizacional-da-apple. Acesso em: 3 out. 2024.

7. PASTORE, K. Um aspirador de pó, um bilionário inquieto e uma história fascinante. **NeoFeed**, 28 jan. 2024. Disponível em: https://neofeed.com.br/finde/um-aspirador-de-po-um-bilionario-inquieto-e-uma-historia-fascinante. Acesso em: 3 out. 2024.

a indústria. P&D deve ser uma prioridade contínua, com recursos alocados para projetos que tenham o potencial de revolucionar o mercado.
- Feedback do cliente: utilize-os para guiar o desenvolvimento de produtos, pois frequentemente eles têm insights valiosos sobre o que precisa ser melhorado ou o que poderia ser oferecido. Ouvir os clientes e incorporar as sugestões deles no processo de desenvolvimento pode ajudar a criar produtos que atendam melhor às necessidades que eles apresentam.
- Cultura de falhas: encorajar uma cultura na qual falhar é considerado parte do processo de aprendizagem incentiva a experimentação sem o medo de consequências negativas imediatas. A falha deve ser celebrada como uma oportunidade de aprendizado, e não penalizada. Isso cria um ambiente onde a inovação pode florescer.
- Colaboração interdepartamental: a inovação frequentemente surge na interseção de diferentes áreas de conhecimento. Quando equipes diversas trabalham juntas, unem diferentes perspectivas e habilidades, o que pode levar a soluções mais criativas e inovadoras.

Superar a síndrome de Gabriela também é essencial para qualquer negócio que deseje permanecer relevante. Ao abraçar a inovação e desafiar as práticas tradicionais, sua empresa não apenas sobrevive, mas também prospera, antecipando mudanças no mercado e respondendo de maneira proativa.

A capacidade de inovar e se adaptar é uma vantagem competitiva crucial que pode determinar o sucesso no longo prazo. Exemplos de empresas como Netflix, Apple e Dyson demonstram que a disposição em desafiar o *status quo* e buscar constantemente formas de melhorar tem o potencial de levar a um crescimento significativo e sustentável. Ao implementar uma cultura de inovação, sua empresa pode se posicionar na vanguarda das indústrias de que faz parte, liderando pelo exemplo e moldando o futuro dos negócios.

**PARA REFLETIR**

A era das megacorporações repletas de funcionários pode estar caminhando para uma "reviravolta". Isso mesmo. E quem traz essa provocação não sou eu, e sim Sam Altman, fundador da OpenAI, empresa que criou o ChatGPT.

Imagine só: uma única pessoa valer 1 bilhão de dólares. Parece ficção? Bem, parece, mas a realidade está aqui para provar o contrário.

O conceito de unicórnio, antes exclusivo de startups bilionárias, está sendo ampliado para indivíduos. Isso representa mais do que somente uma mudança de vocabulário: é uma revolução na maneira como pensamos os negócios. Graças à inteligência artificial (IA) e à tecnologia, agora é viável escalar um império com nada além de uma boa conexão Wi-Fi e uma mente brilhante.

E aqui, meu caro leitor, não estamos falando sobre ralar até conseguir, estamos discutindo a arte de fazer o dinheiro trabalhar para nós. Afinal, por que gastar vida e saúde perseguindo cifrões quando a IA pode fazer isso em nosso lugar e com uma eficiência que nenhum exército de humanos poderia igualar?

Para os céticos de plantão, é importante que fique claro que existir uma pessoa-empresa bilionária é possível. E não, isso não é uma utopia distante. Com a IA, estamos redefinindo o jogo empresarial: a escalabilidade de crescer proporcionalmente ao custo ainda é atrelada à quantidade de pessoas que trabalham. O que se vê hoje em uma crescente são negócios escaláveis, nos quais o aumento da receita é desproporcional às despesas, ainda mais quando não existem colaboradores e tudo é operado pela tecnologia.

Então, basicamente, o Vale do Silício nos manda um recado, tendo Altman como porta-voz: "Você, sozinho, tem o poder de criar um império bilionário". É claro que isso exige um voto de confiança na IA e uma boa dose de consciência empresarial. **Mas quem disse que os caminhos para o sucesso são pavimentados com cautela?**

Agora, vamos ao que interessa. Altman não está apenas jogando previsões ao vento, e sim desenhando um *playbook* do presente. Isso mesmo, o futuro não é amanhã. Ele já está batendo à nossa porta, pronto para entrar – sem pedir licença.

Nesta nova era da pessoa-empresa de 1 bilhão de dólares, o que realmente vale a pena questionar não é a viabilidade do conceito, e sim o impacto que isso terá nos tecidos social e econômico. Será que estamos prontos para enfrentar um mundo onde o sucesso empresarial é tão desvinculado do esforço humano tradicional?

Sim, de fato existe a possibilidade de qualquer um de nós se tornar um unicórnio humano, e isso me parece muito empolgante. Nesse cenário, o que acontece com os empregos tradicionais, com as estruturas corporativas que conhecemos, com a própria noção de trabalho como meio de vida? Esse não é apenas um debate sobre o potencial da tecnologia, é também uma reflexão sobre o que valorizamos como sociedade e como definimos o que é sucesso, trabalho e prosperidade na era digital. O que Altman alardeia sem dúvida é fascinante, mas, ao mesmo tempo, carrega e levanta uma série de questionamentos éticos, sociais e econômicos.

Então eu lanço o desafio: pense, debata, questione. A era da pessoa-empresa de 1 bilhão de dólares está aqui. Como você vai vivê-la? O que você ganha, o que perde e, mais importante, quem quer ser neste novo mundo que se desdobra diante de nós? Pense nisso.

AO ABRAÇAR A INOVAÇÃO E DESAFIAR AS PRÁTICAS TRADICIONAIS, SUA EMPRESA NÃO APENAS SOBREVIVE, MAS TAMBÉM PROSPERA.

@joaokepler

AO ABRAÇAR A
INOVAÇÃO
E DESAFIAR
AS PRÁTICAS
TRADICIONAIS,
UA EMPRESA
NÃO APENAS
SOBREVIVE, MAS
TAMBÉM PROSPERA.

# CAPÍTULO 5

# A mentalidade da nova economia

Para prosperar na nova economia, é crucial que você compreenda mais do que apenas tecnologia e operações.

É necessário que entenda profundamente as pessoas e os comportamentos que impulsionam o mercado, visto que a mudança principal é tanto tecnológica quanto comportamental. Comportamentos se modificam, e você deve estar preparado para aprender e desaprender conforme o contexto. No próximo século, os analfabetos não serão aqueles que não sabem ler ou escrever, e sim os que se recusam a aprender, desaprender e reaprender.

Antes de entender de negócios, é preciso entender de gente. As empresas devem evoluir, deixando de ser provedoras de serviços para se tornarem negócios de distribuição e resolução de problemas. Isso exige uma mudança fundamental de mentalidade, na qual o foco está em como atender melhor aos clientes, entender as dores deles e resolver esses problemas de modo inovador. A mentalidade correta começa com a compreensão profunda dos problemas que os clientes enfrentam, em vez de só focar o produto ou serviço oferecido.

**Para ter sucesso na nova economia, é essencial saber não apenas o destino, mas também os caminhos para chegar lá.**

O direcionamento correto é fundamental, e isso envolve a adoção de uma mentalidade adequada. Existem vários tipos de mentalidade, cada uma com o próprio contexto e importância. Observe:

- Mentalidade trabalhadora: focada na execução de tarefas diárias e no cumprimento de responsabilidades.
- Mentalidade vendedora: orientada para o convencimento e o fechamento de vendas, crucial para impulsionar receitas.
- Mentalidade criativa: centrada na inovação e na geração de novas ideias e soluções.

- Mentalidade consumidora: focada na experiência do cliente e na satisfação das necessidades do mercado.
- Mentalidade empresarial: visão holística e estratégica do negócio, integrando todos os aspectos operacionais e de mercado.
- Mentalidade empreendedora: propensão a assumir riscos e explorar novas oportunidades de negócios.
- Mentalidade produtora: focada na criação e na entrega de valor através de produtos e serviços de alta qualidade.
- Mentalidade investidora: orientada para a multiplicação de recursos, focando ativos em vez de passivos e entendendo o curto, o médio e o longo prazo.

**A mentalidade correta para a nova economia é aquela que busca resolver problemas, bem como entender e decifrar as dores das pessoas que precisam de algo.** É fundamental fazer o dinheiro trabalhar para você, e não o contrário, e escalar seus negócios de modo inteligente. Empresas escaláveis têm mais chances de crescer e prosperar, pois conseguem atender a uma demanda maior sem comprometer a qualidade do que fazem e entregam.

Mudar a mentalidade pode ser desafiador, mas é algo necessário para manter e salvar seu negócio, bem como para encontrar novas fontes de receita e crescer. A base para isso é atender, entender e identificar as dores e vontades de quem precisa de seus produtos ou serviços. É crucial fazer mais com menos, criando plataformas de negócios, camadas de serviços e um motor 2 de crescimento.

Exemplos de empresas que implementaram essa mentalidade de maneira eficaz incluem:
- Unilever: criou o motor 2 para ampliar e fidelizar a marca OMO com as Lavanderias OMO, incluindo as versões expressa, self-service e especializada.

- Netflix: montou um restaurante em Los Angeles (Estados Unidos) a fim de gerar experiências para amantes de filmes.
- Rede de restaurantes NOBU: expandiu as atividades para o setor hoteleiro, criando uma rede de hotéis de luxo.
- Momofuku: o *restaurateur* David Chang expandiu o próprio império com a venda de produtos gourmet, como molhos e temperos.
- Blue Apron: iniciou trabalhando com kits de refeições e expandiu as operações com assinaturas de comidas prontas, vinhos e utensílios de cozinha.

Resolver problemas e impactar positivamente o mercado é a essência da nova economia. É necessário que você comece de dentro para fora, com uma ideia clara e uma solução para um problema específico. A razão pela qual você faz as coisas é mais importante do que as coisas que faz. Então, olhe para onde todos estão olhando, mas enxergue o que ninguém está vendo, pois essa é a chave para desenvolver uma consciência empresarial elevada. **Empresas nascem para serem herdadas, perdidas ou esquecidas, porém podem se tornar investíveis, escaláveis, queridas, globais e vendáveis.**

Negócios que alcançam um elevado nível de consciência não só melhoram as próprias operações como também contribuem para incentivar uma mudança positiva na sociedade e na economia global. Esse alto nível de operação abre novas oportunidades de negócio e constrói um legado de impacto e responsabilidade. Portanto, embora o caminho para uma consciência empresarial elevada possa ser complexo, as recompensas vão muito além do sucesso financeiro, propiciando uma satisfação duradoura e significativa que reverbera em todas as facetas da sociedade.

Sendo assim, chegou a hora de pensar além do óbvio. Como? Subindo seu nível de consciência empresarial e abraçando as estratégias que realmente impulsionam o crescimento na contemporaneidade. Minha dica é: esqueça o que você sabe de negócios tradicionais, porque a expansão agora também envolve novas linhas de receita e novos modelos de negócio.

Assim, quais são os métodos inovadores e disruptivos que vêm transformando o mercado e são a base da nova economia? Eu os elenquei a seguir para você:

- Aquisições e equity: cresça rapidamente jogando o jogo do equity, ou seja, negociando e comprando outras empresas.
- Licenciamento: permita que outras empresas usem sua marca ou sua tecnologia.
- Parcerias estratégicas: alie-se a outras empresas para expandir seu alcance e seus recursos.
- Expansão internacional com digital: penetre novos mercados globais sem a necessidade de ter uma estrutura física.
- Camadas de serviços: adicione serviços complementares a seu produto principal, para aumentar o valor percebido.
- Plataformas de negócio: estruture seu negócio como uma plataforma na qual diferentes stakeholders possam interagir, consumir e colaborar.
- Motor 2 de crescimento: desenvolva um segundo motor de crescimento que funcione em paralelo a seu negócio principal, diversificando as fontes de receita.
- Marketplace: crie um espaço onde diferentes vendedores possam oferecer produtos ou serviços.
- Assinaturas: fidelize clientes com modelos de pagamento recorrente.
- *Freemium*: ofereça uma versão gratuita para atrair usuários e converta-os para planos pagos.
- Economia compartilhada e circular: monetize seus ativos subutilizados, através de compartilhamento e reuso.
- *Dropshipping* ou envio direto: venda produtos sem precisar estocar mercadorias.

- *Crowdfunding* ou financiamento coletivo: financie seus projetos com o apoio de uma comunidade engajada.
- *Social commerce* ou comércio social: venda diretamente por meio de plataformas de redes sociais.
- Influenciadores digitais: utilize personalidades on-line para promover seus produtos ou serviços.
- Programas de afiliados: incentive terceiros a venderem seus produtos em troca de comissões.
- *Spin-offs*: crie empresas a partir de projetos ou departamentos internos.
- Personalização em massa: ofereça seus produtos ou serviços customizados em larga escala.
- *Data analytics* e IA: use dados e inteligência artificial para entender o comportamento do consumidor, otimizar operações e criar soluções personalizadas que aumentem sua eficiência e reduzam seus custos.
- Novas unidades com sócios: expanda sua presença com novas unidades operadas por sócios locais.
- Franquias: multiplique seu negócio permitindo que terceiros operem sob sua marca.
- Novas unidades próprias: expanda sua presença tendo novas unidades operadas por sua empresa.

Além dos modelos conhecidos e tradicionais de expansão, como franquia, novas unidades próprias e licenciamento, há outras maneiras inovadoras que vêm moldando a nova economia. Mas tenha atenção, pois é preciso analisar seu negócio e aprofundar cada possibilidade que ele oferece, porque o que funciona para um segmento pode não funcionar para outro. Além disso, é fundamental entender os objetivos, o momento, a cultura de sua empresa e, é claro, as ferramentas adequadas para realizar essa implantação.

Adotar essas estratégias não é mais uma opção, é uma necessidade. Estude tais modelos e veja a transformação acontecer em seu negócio.

# CAPÍTULO 6

# O caminho do meio no mundo empresarial

O caminho do meio é uma filosofia que evita os extremos e promove o equilíbrio nas decisões empresariais. Inspirado por ensinamentos de figuras históricas como Buda e Jesus Cristo e exemplificado por líderes modernos como Warren Buffett, esse conceito sugere que um equilíbrio entre prudência e ousadia é crucial para a conquista do sucesso sustentável.

No contexto empresarial, isso significa tomar decisões ponderadas que considerem tanto seu potencial de lucro quanto o impacto dessas decisões em sua equipe, em seus clientes, na comunidade e no mercado.

## A DESCOBERTA DO CAMINHO DO MEIO

Aqui estão algumas estratégias para encontrar e manter o equilíbrio sugerido pelo caminho do meio:

- Definição de valores fundamentais: defina claramente os valores fundamentais de sua empresa e os utilize como guia para todas as decisões de negócios que tiver de tomar. Esses valores devem refletir um equilíbrio entre crescimento, qualidade, ética e impacto social.
- Metas realistas: estabeleça metas realistas que incentivem o crescimento sem que exijam sacrifícios insustentáveis. Equilibre a busca por lucro com a necessidade de manter a qualidade dos produtos e dos serviços e o bem-estar dos funcionários.
- Cultura de bem-estar: promova uma cultura de bem-estar dentro da empresa, oferecendo horários flexíveis de trabalho, programas de saúde mental e oportunidades de desenvolvimento profissional. Isso ajuda a manter os funcionários motivados e produtivos.

## EXEMPLOS HISTÓRICOS E MODERNOS
Buda ensinou o caminho do meio como uma resposta aos extremos de indulgência e ascetismo. Ele percebeu que nem o excesso de prazeres mundanos nem a negação extrema desses prazeres levavam à verdadeira satisfação. No contexto empresarial, isso se traduz em buscar um equilíbrio entre o crescimento agressivo e a prudência conservadora, permitindo o desenvolvimento sustentável de sua empresa.

Por meio de parábolas, Jesus Cristo nos ensinou o amor, a compaixão e a moderação, evitando extremos de julgamento e exclusão. Ele promoveu a grandeza no serviço aos outros, que é um princípio aplicável aos negócios, incentivando líderes a servir e priorizar o bem-estar de funcionários, clientes e comunidades, indo muito além dos lucros.

Warren Buffett exemplifica o caminho do meio na aplicação da filosofia de investimento de valor, focando empresas com fundamentos sólidos e uma perspectiva de longo prazo.[8] Ele evita os extremos do mercado e busca um equilíbrio entre risco e recompensa.

## A IMPORTÂNCIA DO EQUILÍBRIO NAS DECISÕES EMPRESARIAIS
Buscar o equilíbrio em decisões empresariais não significa ser mediano ou se conformar com a mediocridade, e sim estar consciente e aberto a aprender com os erros e se adaptar. Em vez de se lançar cegamente em direção a metas ambiciosas, você deve estabelecer objetivos realistas e alcançáveis que promovam um crescimento constante sem sacrificar o

---

8. CONHEÇA a estratégia que transformou Warren Buffet no maior investidor do mundo. **Exame**, 8 ago. 2024. Disponível em: https://exame.com/invest/onde-investir/conheca-a-estrategia-que-transformou-warren-buffet-no-maior-investidor-do-mundo. Acesso em: 3 out. 2024.

bem-estar de sua equipe ou a qualidade de seus produtos e serviços. Essa abordagem permite inovar de maneira responsável, equilibrando novas ideias e práticas comprovadas.

O equilíbrio também é crucial para a saúde mental e física de líderes empresariais e das equipes que eles comandam. A pressão constante para alcançar metas extremas pode levar ao esgotamento e à diminuição da produtividade. Em contrapartida, uma abordagem equilibrada possibilita que todos na organização trabalhem mais sustentavelmente, o que contribui para aumentar o moral e a lealdade dos funcionários.

## O IMPACTO NO BEM-ESTAR DA EQUIPE E NA SUSTENTABILIDADE DO NEGÓCIO

Empresas que adotam uma abordagem equilibrada criam um ambiente de trabalho positivo, aumentam a lealdade dos funcionários e promovem a sustentabilidade no longo prazo. Colaboradores que se sentem valorizados e trabalham em um ambiente que estimula o equilíbrio entre a vida profissional e a pessoal são mais propensos a serem produtivos e leais à empresa. Isso melhora a qualidade do trabalho executado e ainda reduz a rotatividade e os custos associados à contratação e ao treinamento de novos colaboradores.

Além disso, ter foco no equilíbrio permite que sua empresa assegure a qualidade dos produtos e serviços oferecidos, o que é crucial para manter a satisfação e a lealdade dos clientes. Negócios que conseguem equilibrar inovação e práticas comprovadas são capazes de se adaptar rapidamente às mudanças do mercado sem comprometer a qualidade do que oferecem.

## EXEMPLOS DE APLICAÇÃO DO CAMINHO DO MEIO NAS EMPRESAS

A Toyota aplica o princípio do caminho do meio através do Sistema Toyota de Produção, que busca continuamente eliminar desperdícios e melhorar a eficiência dos processos sem comprometer a qualidade do que entrega.[9] Isso torna possível que a empresa mantenha altos padrões de qualidade enquanto continua a inovar e crescer de maneira sustentável.

A empresa de vestuário Patagonia adota uma abordagem equilibrada ao focar tanto a sustentabilidade ambiental quanto o crescimento econômico.[10] A marca implementa práticas de negócios que minimizam o impacto ambiental das próprias operações e investe em iniciativas de conservação enquanto continua a expandir a linha de produtos e os mercados em que atua.

O caminho do meio no mundo empresarial é uma estratégia poderosa para alcançar um sucesso sustentável e equilibrado. Evitar os extremos e buscar o equilíbrio em todas as decisões permite que sua empresa cresça responsavelmente, mantendo a qualidade, a inovação e o bem-estar de todos os envolvidos. Histórias de líderes e companhias que adotaram essa filosofia mostram que é possível ser bem-sucedido sem sacrificar a ética, a qualidade de vida e a sustentabilidade. Ao seguir o caminho do meio, você pode criar um legado duradouro de sucesso e impacto positivo no mundo.

## CRESCIMENTO HORIZONTAL *VERSUS* CRESCIMENTO VERTICAL

Imagine que o crescimento horizontal é como se sua empresa decidisse virar um explorador – o Indiana Jones, por exemplo –, buscando novas aventuras. É como abrir uma loja

---

9. SISTEMA Toyota de Produção. **Toyota**, 2024. Disponível em: https://www.toyota.com.br/mundo-toyota/sistema-toyota-de-producao. Acesso em: 3 out. 2024.

10. CANINEO, G. Estudo de caso Patagonia: como a marca se tornou referência em cultura organizacional e sustentabilidade. **G4 Educação**, 24 abr. 2024. Disponível em: https://g4educacao.com/portal/case-patagonia. Acesso em: 3 out. 2024.

de bicicleta e depois decidir vender também roupas de passeio. Você está basicamente se jogando em novos mercados.

Já o crescimento vertical é quando você decide ser mais parecido com o Groot, da Marvel, "fortalecendo suas raízes". É como se você tivesse uma hamburgueria, por exemplo, e decidisse criar mais tipos de hambúrguer ou oferecer opções veganas.

O crescimento horizontal pode ser caro, mas é como uma viagem para Bali: vale a pena. Expandir horizontes, como fez a Amazon, quando deixou de vender apenas livros e decidiu praticamente dominar o mundo, tem custos. Marketing, logística e tudo o que está relacionado a isso podem consumir uma boa parte de sua grana. Porém, se você acertar, terá sucesso.

O crescimento vertical é como economizar para viajar, sendo mais em conta. É como se você melhorasse o que já tem, como fez a Netflix, que começou alugando DVDs e hoje é o que é. O cuidado que você deve ter aqui é para não ficar preso em uma bolha que impeça seu crescimento.

Em termos um pouco mais técnicos:
- Crescimento horizontal é expandir através de novos negócios e fora de seu *core business*.
- Crescimento vertical é expandir dentro de seu domínio atual de conhecimento e do *core business*.

Escolher entre crescer para fora ou para cima não é tão simples. É necessário ver o que combina com sua empresa, analisar o mercado, as condições de investimentos, a dedicação. Ainda assim, a definição não precisa ser binária (0 ou 1, sim ou não). Às vezes, a mistura dos dois pode ser também um caminho.

Qualquer que seja a escolha, o importante é que ela faça sentido em sua empresa e ajude você a chegar aonde deseja. No fim, é isso que define se seu negócio será aquele de que todo mundo fala ou só mais um no meio da multidão.

Imagine-se no comando de um veículo, prestes a desbravar territórios desconhecidos, sem sinal de celular ou GPS para orientar o caminho. Parece desafiador, não é? Essa é uma analogia perfeita para o universo empresarial. Ter um destino em mente é essencial, mas é apenas o início da jornada. O verdadeiro desafio é o **direcionamento**: muito além de escolher para onde ir, trata-se de perceber como chegar lá.

Acredite, no mundo dos negócios, mesmo com um objetivo definido, você enfrentará desvios inesperados, curvas acentuadas e sinais confusos. É necessário ter mais do que vontade para alcançar um objetivo, é essencial ter uma bagagem composta de informações, conhecimento, apoio, experiência e muita sabedoria.

Navegar sem ter um direcionamento claro é desperdiçar os recursos mais valiosos, que são atenção, tempo, dinheiro e energia. Assim, estabelecer objetivos claros e estratégias é uma obrigação, e não uma escolha. Cada sinal e placa ao longo de seu caminho é uma dica preciosa para que você permaneça na rota correta. No ambiente empresarial, isso significa interpretar o mercado, antecipar tendências e ser adaptável. Ignorar esses sinais é pedir para ter problemas e prejuízos.

Assim como a manutenção preventiva do veículo evita imprevistos e que você fique pelo caminho, o investimento contínuo em aprendizado e inovação mantém o motor de seu negócio rodando em alta performance. Abastecer o veículo é crucial para que sua empresa opere sem paradas não planejadas. E o motorista? Você precisa ter certeza de que investir no bem-estar e na capacitação das pessoas é fundamental para manter a energia e o foco.

Não saber o destino definido e dirigir sem direção, ignorar os sinais, negligenciar a manutenção e o abastecimento, em minha opinião, é a rota certa para o fracasso. Foi assim comigo! Por isso afirmo que, **tendo o direcionamento correto, chegar de maneira segura é não só possível como também é garantido.**

A MENTALIDADE CORRETA PARA A NOVA ECONOMIA É AQUELA QUE BUSCA RESOLVER PROBLEMAS, ENTENDER E DECIFRAR AS DORES DAS PESSOAS QUE PRECISAM DE ALGO.

@joaokepler

A MENTALIDADE CORRETA PARA A NOVA ECONOMIA É AQUELA QUE BUSCA RESOLVER PROBLEMAS, ENTENDER E MINIMIZAR AS DORES DAQUE LES AO REDOR.

CAPÍTULO 7

# A visão de drone para o sucesso empresarial

No atual ambiente dinâmico de negócios, a capacidade de antecipar mudanças e se adaptar proativamente é indispensável se você deseja não apenas sobreviver, mas também prosperar. Ter uma visão de drone é como olhar de cima para o campo de batalha, o que lhe oferece a capacidade de enxergar além dos obstáculos imediatos das operações diárias e planejar movimentos futuros com maior clareza. Ela permite que você tome decisões com uma compreensão completa do ambiente de negócios, antecipando tendências e ajustando estratégias de maneira ágil.

Empresas líderes, como a Tesla e a Amazon, demonstraram como uma visão abrangente e futurista pode orientar a inovação e a expansão de um modo que redefine inteiramente as indústrias.

## A IMPORTÂNCIA DA PERSPECTIVA ESTRATÉGICA

A perspectiva estratégica que a visão de drone oferece é essencial para você entender melhor as dinâmicas complexas que moldam os setores e identificar oportunidades e ameaças com antecedência. Essa visão permite que sua empresa se adapte rapidamente às mudanças do mercado, mantendo-se à frente da concorrência. Ela também facilita a identificação de oportunidades de crescimento e inovação, possibilitando que você explore novos mercados e desenvolva outros produtos e serviços.

Além disso, ajuda a mitigar riscos, proporcionando uma compreensão mais profunda das possíveis consequências de suas decisões empresariais. Com essa perspectiva, você pode desenvolver planos de contingência mais eficazes e estar mais bem preparado para enfrentar crises e desafios. A visão estratégica também promove melhor alocação de recursos, garantindo que os investimentos sejam direcionados para as áreas que oferecem o maior potencial de retorno.

## EXEMPLOS DE LÍDERES EMPRESARIAIS VISIONÁRIOS

Elon Musk é um exemplo icônico de líder com visão de drone. A abordagem dele na Tesla e na SpaceX ilustra como a visão de drone pode levar à inovação disruptiva. Musk não se limita a melhorar os carros elétricos; ele os vê como parte de um ecossistema mais amplo que inclui energia sustentável e exploração espacial. A disposição desse empresário para questionar constantemente o *statu quo* e explorar possibilidades que outros podem considerar distantes ou impraticáveis demonstra o poder de uma visão abrangente e futurista.

Jeff Bezos utilizou essa técnica de visão para transformar a Amazon, antes uma livraria on-line, em uma gigante global que abrange desde o varejo até a computação em nuvem e a inteligência artificial.[11] Bezos sempre enfatizou a importância de pensar no longo prazo e estar disposto a tolerar anos de "fracasso" enquanto se constrói o futuro da empresa. Essa visão estratégica permitiu que a Amazon expandisse continuamente as operações e inovasse em novos setores, mantendo-se à frente da concorrência.

## A IMPLEMENTAÇÃO DA VISÃO DE DRONE NA PRÁTICA

Implementar a visão de drone envolve várias etapas práticas. Primeiramente, é essencial que você cultive uma cultura que

---

11. AMAZON: a história da livraria que se tornou empresa de US$ 1 trilhão. **Zero Hora**, 4 set. 2018. Disponível em: https://gauchazh.clicrbs.com.br/economia/noticia/2018/09/amazon-a-historia-da-livraria-que-se-tornou-empresa-de-us-1-trilhao-cjlo25kdf007c01p23awkrhf3.html. Acesso em: 3 out. 2024.

valorize a aprendizagem e a curiosidade. Isso significa encorajar os membros de sua equipe a buscarem novos conhecimentos e insights, bem como estarem abertos a mudanças. Também envolve a utilização de tecnologias avançadas de análise de dados para interpretar informações complexas que possam revelar tendências emergentes e padrões de comportamento dos consumidores.

- Incentivar a aprendizagem e a curiosidade: promova uma cultura em que a aprendizagem contínua seja valorizada. Isso pode ser feito oferecendo oportunidades de desenvolvimento profissional, como treinamentos, workshops e acesso a recursos educacionais. Além disso, é importante incentivar a curiosidade e a experimentação, permitindo que seus funcionários explorem novas ideias e abordagens.
- Utilizar tecnologias avançadas de análise de dados: ferramentas avançadas de análise de dados podem ajudar a identificar tendências, prever mudanças no mercado e fornecer insights valiosos sobre o comportamento de seus consumidores. Empresas como Microsoft (com o Power BI) e Salesforce (com o CRM) são exemplos de como a tecnologia pode ser usada para melhorar a tomada de decisões estratégicas.
- Estabelecer um sistema robusto para captar e integrar feedbacks de stakeholders: informações de clientes, funcionários e outras partes interessadas são vitais para ajustar seus produtos e serviços às necessidades do mercado em tempo real. Uma empresa que ouve e responde eficazmente ao ambiente está mais apta a inovar e se adaptar. Ferramentas de CRM, pesquisas de satisfação e plataformas de feedback contínuo são essenciais para coletar e analisar essas informações.
- Aceitar e aprender com os erros: em um ambiente empresarial dinâmico, nem todas as iniciativas são bem-sucedidas, e cada falha oferece dados valiosos

que podem aprimorar sua compreensão do mercado e refinar estratégias futuras. Promova uma cultura em que os erros sejam vistos como oportunidades de aprendizado, pois isso incentiva a inovação e a experimentação.

- Montar um planejamento estratégico: desenvolva um plano estratégico de longo prazo que inclua cenários futuros e planos de contingência. Isso permite que sua empresa se prepare para diferentes possibilidades e se adapte rapidamente às mudanças do mercado.
- Inovar e experimentar: incentive uma cultura de inovação e experimentação em sua empresa. Isso inclui a criação de um ambiente onde as falhas sejam vistas como oportunidades de aprendizado e novas ideias sejam incentivadas e testadas regularmente.

Desenvolver uma visão de drone não é um luxo, e sim uma necessidade para qualquer líder empresarial, pois permite compreender profundamente o ambiente de negócios, antecipar desafios e lidar bem com as incertezas. Companhias conduzidas por visionários que adotam essa perspectiva alcançam o sucesso sustentável enquanto moldam o futuro das indústrias, liderando pelo exemplo e pela inovação.

Ao utilizar a visão de drone, sua empresa pode se posicionar na vanguarda das indústrias, explorando oportunidades de crescimento e inovação e, consequentemente, criando um impacto duradouro e positivo.

## LEITURAS QUE INFLUENCIAM

Ao longo de minha jornada empresarial, a leitura foi fundamental. Os melhores livros de negócios do mundo ampliaram minha visão e me ensinaram muitas metodologias e técnicas. Cada um deles serviu como uma bússola, apontando para o que eu deveria fazer em diferentes épocas de minha carreira. Visto que com o passar do tempo vamos expandindo nosso nível de consciência, resolvi voltar a ler essas obras para sentir o impacto e os ensinamentos delas em meu atual momento de vida.

Quando você amplia sua visão e compreende claramente como as coisas funcionam na prática, seja por ter vivido mais experiências, seja por ter estudado mais, percebe que a leitura oferece outras perspectivas para momentos diferentes. Existem pontos cegos e pontos de atenção que eu não consegui notar na primeira leitura, mas agora enxergo nitidamente.

Nessa experiência, algo me chamou a atenção: muitos desses livros não abordavam contrapontos sobre os mesmos conceitos (independentemente da época em que realizei a leitura). Foi essa percepção que me levou a adotar uma abordagem mais crítica e abrangente, então comecei a analisar cada obra não apenas pelos méritos delas, mas também pelos desafios e pelas limitações que as ideias ali contidas poderiam apresentar no mundo real dos negócios.

Minha intenção aqui não é contrariar os autores desses livros sensacionais de negócios, e sim oferecer a você uma perspectiva complementar que enriqueça sua compreensão e amplie seu nível de consciência empresarial. Vamos lá!

- No livro *O lado difícil das situações difíceis: como construir um negócio quando não existem respostas prontas*, de Ben Horowitz, aprendi a importância de ser transparente e decisivo em momentos de crise, com mentalidade de emergência e constante mudança. No entanto, a abordagem dele parece um pouco desconectada da realidade de empresas mais engessadas e em setores tradicionais. Adaptar essas lições para contextos menos turbulentos, usando crises como ferramentas de planejamento preventivo, poderia ser mais eficaz. Por exemplo, uma indústria de produção (modelo navio grande e pesado) poderia se beneficiar mais se criasse planos de contingência do que simplesmente adotasse uma mentalidade de mudanças radicais (modelo **jet ski**, com giros e ações muito rápidas), como o livro recomenda. Minha orientação seria que essas organizações mais engessadas usassem **jet skis** como camadas de serviços para "ir até uma ilha e validar" e somente depois, se fosse o caso, acoplar ao navio principal.

- Em *Trabalho focado: como ter sucesso em um mundo distraído*, o autor Cal Newport defende a eliminação de distrações para alcançar resultados extraordinários. O livro ensina que a habilidade de focar tarefas cognitivamente exigentes sem distrações é a chave para o sucesso. No entanto, em ambientes empresariais que exigem alta interação, com respostas rápidas a mensagens e reuniões ocasionais, a aplicação desse conceito pode ser impraticável. Em minha opinião, o certo é equilibrar períodos de trabalho focado com horários específicos para comunicação, o que melhora a produtividade sem sacrificar a necessidade de interação constante.

- Em *Como fazer amigos e influenciar pessoas*, o autor Dale Carnegie apresenta indicações valiosas de comunicação e relacionamento. Técnicas para ouvir ativamente e valorizar os outros podem melhorar as relações interpessoais de maneira significativa; contudo, em alguns momentos e ambientes, podem parecer manipuladoras e insinceras. O mais indicado é adaptar essas técnicas para sermos sempre autênticos e genuínos. Em minha opinião, em vez de seguir roteiros, foque a construção de relacionamentos reais e empáticos através do servir.

- Em *Comece pelo porquê: como grandes líderes inspiram pessoas e equipes a agir*, o autor Simon Sinek destaca a importância de se definir um propósito claro para gerar inspiração e sucesso. Líderes e empresas que começam com um forte senso do "porquê" inspiram mais lealdade, geram conexões com o público e obtêm sucesso no longo prazo. No entanto, focar somente o "porquê", sem ter uma estratégia clara, pode levar à negligência e a um compasso de espera, dando a impressão equivocada de que apenas isso resolve. O certo é desenvolver um porquê autêntico, que deve ser integrado automaticamente ao desenvolvimento de ações de "como" e "do que" nos negócios.
- Em *Hábitos atômicos: um método fácil e comprovado de criar bons hábitos e se livrar dos maus*, o autor James Clear argumenta que pequenas mudanças diárias podem provocar grandes melhorias. Para isso, ele oferece técnicas práticas e acionáveis para construir e manter bons hábitos enquanto os maus são eliminados. O ponto de atenção aqui é que essa abordagem pode simplificar demais a complexidade das mudanças comportamentais. Minha indicação é combinar as técnicas a uma compreensão mais profunda dos fatores psicológicos e sociais individuais, para alcançar modificações mais rigorosas. É preciso também considerar fatores como motivação intrínseca, traumas e questões sociais. Sem se aprofundar nisso, a mudança de hábitos pode ser superficial e temporária.
- Em *De zero a um: o que aprender sobre empreendedorismo com o Vale do Silício*, o autor Peter Thiel defende a criação de algo novo e único para alcançar a verdadeira inovação. No entanto, essa abordagem pode ser arriscada e não aplicável a todos os setores. Sugiro avaliar cuidadosamente seu mercado e os recursos disponíveis antes de

buscar inovações disruptivas. Pensar em inovação melhorando o que já existe se mostrou mais eficiente em muitos casos dos quais participei ativamente.

- Em *Empresas feitas para vencer: por que algumas empresas alcançam a excelência... e outras não*, o autor Jim Collins identifica fatores que transformam empresas boas em empresas grandes. Adotar os princípios dele com uma análise crítica e adaptável é essencial. Vários negócios podem aplicar os mesmos princípios e ainda assim falhar devido a fatores não considerados pela metodologia, como monitorar continuamente os resultados e estar disposto a ajustar estratégias. O certo é fazer como a Walt Disney e a Johnson & Johnson, que se destacam não apenas pela inovação, mas também por uma combinação poderosa de valores consistentes, metas ousadas e cultura imbatível. Essas empresas sabem que o lucro é importante, mas não é tudo; elas têm um propósito maior que move cada decisão e estratégia, criando um legado duradouro.

- Em *Essencialismo: a disciplinada busca por menos*, o autor Greg McKeown defende focar somente o essencial para aumentar a produtividade, o que ajuda a reduzir o estresse e aumentar a produtividade ao eliminar tarefas desnecessárias. Contudo, essa abordagem pode levar à negligência de oportunidades inovadoras e à falta de flexibilidade para adaptação. Empresas que adotam uma visão restrita ao essencial podem perder inovações emergentes ou oportunidades de diversificação. Acredito que o melhor é avaliar regularmente o que é essencial e ajustar a rota conforme o contexto, para equilibrar foco e flexibilidade.

- Em *Rápido e devagar: duas formas de pensar*, o autor Daniel Kahneman explora como o pensamento rápido (intuitivo) e o pensamento devagar (analítico) influenciam nossas decisões. Ele revela como podemos melhorar as decisões que tomamos ao entender e equilibrar esses dois modos de pensar. Apesar de concordar com a análise e os exemplos apresentados, creio que a aplicação prática dessa teoria ainda é limitada. Sugiro combinar as estratégias oferecidas no livro com visão ampla, treinamento contínuo, pensamento estratégico, visão de drone e análise crítica dos dados, para aperfeiçoar a tomada de decisões.

- Em *Reinvente sua empresa: mude sua maneira de trabalhar*, os autores Jason Fried e David Hansson desafiam práticas empresariais tradicionais, promovendo abordagens mais simples e diretas. Apesar de eu ser adepto do modelo, compreendo que as sugestões do livro são simplistas demais para organizações maiores e mais complexas, no sentido de adotarem uma estrutura totalmente sem reuniões ou planejamento estratégico. Minha indicação é adaptar essas ideias para equilibrar a simplicidade à estrutura atual. Hoje, uma grande corporação pode e deve utilizar ferramentas mais simples e rápidas de planejamento, reduzir reuniões e implementar comunicação prática enquanto promove autonomia nas decisões operacionais.

- Em *Pense e enriqueça*, o autor Napoleon Hill enfatiza a importância do pensamento positivo e de metas claras para se alcançar o sucesso financeiro. No entanto, o livro promove uma visão um tanto simplista do sucesso. Seguir fielmente os conselhos de Hill pode fazer você ignorar fatores externos e complexos que também influenciam o sucesso dos negócios. O ideal é combinar a mentalidade positiva com uma análise crítica das estatísticas e um plano de ação detalhado. Você pode usar o pensamento positivo para se manter motivado, mas deve também fazer pesquisas de mercado e desenvolver um plano de negócios consistente para aumentar as chances de alcançar o sucesso.

Ao revisitar cada um desses livros com uma perspectiva crítica, percebi que não basta seguir "cegamente" as metodologias e técnicas apresentadas. É fundamental, também, entender as limitações de sua empresa e adaptar os conceitos às realidades específicas de seu negócio. Parece óbvio, mas não é!

Desafio você a adotar essa mesma postura. Releia os livros que moldaram sua trajetória, desta vez com um olhar mais crítico e inquisitivo. Questione as premissas, explore os contrapontos e adapte os conceitos a sua realidade específica. Somente assim você poderá desenvolver uma compreensão menos óbvia, mais profunda e robusta, elevando sua consciência empresarial e aprimorando sua capacidade de agir e tomar decisões.

TER UMA VISÃO DE DRONE É COMO OLHAR DE CIMA PARA O CAMPO DE BATALHA, O QUE LHE OFERECE A CAPACIDADE DE ENXERGAR ALÉM DOS OBSTÁCULOS IMEDIATOS DAS OPERAÇÕES DIÁRIAS E PLANEJAR MOVIMENTOS FUTUROS COM MAIOR CLAREZA.

@joaokepler

TER UMA VISÃO DE
DRONE É COMO
OLHAR DE CIMA PARA
O CAMPO DE BATALHA.
O QUE LHE OFERECE
A CAPACIDADE DE
ENXERGAR ALÉM
DOS DESTAQUES E
RUÍDOS DAS
DISCUSSÕES
DO DIA A DIA, NA
TERRA, VIVENDO FUTUROS
COM MAIOR CLAREZA.

CAPÍTULO 8

# O pilar do crescimento sustentável: as vendas

No competitivo mercado atual, a capacidade de inovar na maneira de vender é mais crucial do que nunca. Se você se limita a aplicar os métodos tradicionais de vendas, pode estar perdendo oportunidades significativas de expansão e fortalecimento de sua marca. Afinal, a inovação nas vendas é uma questão de sobrevivência e crescimento.

A evolução das expectativas dos consumidores e o avanço tecnológico têm reformulado o panorama do comércio. Os clientes de hoje esperam não só produtos e serviços de qualidade, mas também experiências de compra convenientes, personalizadas e integradas. Isso significa que você precisa pensar além das vendas convencionais em lojas físicas ou on-line.

## A DIVERSIFICAÇÃO E A PERSONALIZAÇÃO

Uma estratégia eficaz para expandir as vendas é usar a diversificação de canais e a personalização da oferta. A diversificação pode envolver a exploração de novos mercados geográficos, demográficos e até novos modelos de negócios, como assinaturas ou serviços premium. Por exemplo, a Netflix começou vendendo e alugando DVDs pelo correio antes de se transformar na gigante do streaming que é hoje, com conteúdo personalizado com base nas preferências dos usuários.

Já a personalização melhora a experiência do cliente, além de aumentar a fidelidade à marca. Por exemplo, a Nike, com o serviço Nike By You, permite que os clientes personalizem os próprios tênis, escolhendo cores e materiais e até gravando nomes. Essa abordagem atende à demanda por produtos únicos e cria uma conexão mais profunda entre a marca e os consumidores.

## AS CAMADAS DE SERVIÇOS ADICIONAIS

Introduzir camadas de serviços adicionais pode transformar uma compra única em um relacionamento contínuo com seu cliente. Por exemplo, a Apple oferece, além de produtos, uma gama de serviços associados, como AppleCare, iCloud e assinaturas de mídia. Esses serviços aumentam as receitas recorrentes, bem como melhoram a integração do cliente com o ecossistema da marca, elevando a retenção. Outro exemplo é a Amazon, que, com o serviço Amazon Prime, oferece benefícios como entrega rápida, acesso a streaming de vídeo e música e descontos exclusivos, criando um valor agregado significativo para os clientes.

## O MOTOR 2 DE CRESCIMENTO

Desenvolver um motor 2 de crescimento requer identificar oportunidades dentro de seu mercado ou adjacentes a ele que possam ser capitalizadas de modo independente. A Amazon fez isso com o AWS, que inicialmente era uma infraestrutura interna voltada para as próprias operações de e-commerce e evoluiu para se tornar uma liderança global em soluções de computação em nuvem.

O desenvolvimento de um motor 2 permite que sua empresa diversifique as fontes de receita e reduza a dependência de um único produto ou serviço. Isso aumenta a resiliência de seu negócio contra flutuações de mercado e abre novas vias de crescimento e inovação.

## A TRANSFORMAÇÃO DAS ESTRATÉGIAS DE VENDAS

Repensar as vendas não é apenas uma questão de adaptação. No mundo dinâmico de hoje, em que as preferências dos consumidores e as tecnologias evoluem com frequência, você precisa sempre procurar novas maneiras de alcançar e servir os clientes. Ao diversificar as estratégias de vendas e explorar novas oportunidades de mercado, sua empresa aumentará as receitas e criará relacionamentos mais profundos e duradouros com os clientes.

Nesse contexto, vale ainda uma ressalva importante: muitas pessoas confundem o verdadeiro significado de networking e caem no lado negativo da palavra. Elas veem o networking somente como uma oportunidade de autopromoção e exploração, aproximando-se de conexões com a única intenção de obter benefícios pessoais. Tratar essas interações como transações comerciais, trocando favores e presentes por reciprocidade, desvaloriza a essência das relações humanas, por se assemelhar a uma espécie de manipulação.

A venda deve ser encarada como uma estratégia, como o fruto de relacionamentos genuínos e ações estruturadas. Nesse sentido, é preciso ter cuidado com os exageros. Um erro comum é tentar comprar amizades com presentes caros – esse comportamento não cria verdadeiras conexões, e sim transações superficiais. Presentes podem ser ferramentas poderosas para gerar memória afetiva, mas têm de ser dados com intenção e significado. O que de fato importa é o valor representativo da entrega, algo que impacte profundamente quem a recebe, estabelecendo um vínculo emocional, e não uma obrigação de reciprocidade. Um presente também representa um modo de honrar alguém que você acredita que merece receber aquele reconhecimento, sendo alguém que de alguma maneira influenciou sua vida positivamente, mesmo que não saiba disso.

Convém ressaltar que um presente não deve ser escolhido pelo preço, e sim pelo significado e pela relevância para quem o receberá. Quando é uma experiência, ele se torna ainda mais poderoso. Experiências compartilhadas produzem memórias duradouras e fortalecem laços de amizade: um jantar especial, uma viagem e até uma simples caminhada podem ter mais impacto do que qualquer objeto material. Essas vivências demonstram interesse genuíno em compartilhar momentos e criar histórias, muito mais do que querer apenas impressionar.

Outro aspecto muito usado no networking é a estratégia de "comprar" espaços para estar com pessoas influentes. Embora você possa conseguir um lugar dessa maneira, o desafio verdadeiro é se manter na mesa com essas personalidades. Isso só é possível se você for capaz de agregar valor e se conectar verdadeiramente com os demais. Ser interessante e ter algo valioso a oferecer, como conhecimento, experiências, ensinamentos ou apoio, é o que garante a aceitação e a permanência no grupo.

Networking certo não tem a ver com ser interesseiro, e sim com ser interessante e interessado. Quando abordamos a construção de conexões com essa mentalidade, o foco se desloca do que podemos obter para o que podemos oferecer e como podemos servir, o que gera relações genuínas e duradouras. Privilegiar a conexão pelo *ser* (e não pelo *ter*) é crucial. As pessoas se sentem mais atraídas por quem demonstra autenticidade, paixão e desejo genuíno de se conectar com os outros, e não só interesse por posses, benefícios ou status.

Servir verdadeiramente é uma estratégia poderosa para construir e manter conexões. Quando você se dispõe a ajudar os outros sem esperar algo em troca, desenvolve um ciclo positivo de reciprocidade. Fazer-se presente e com disposição para compartilhar conhecimento e habilidades é fundamental, pois as pessoas valorizam quem se dispõe a contribuir e fazer a diferença na vida delas.

É importante também evitar a postura de apenas sugar informações e recursos dos outros ou aparecer somente quando precisa de algo, porque isso revela um comportamento oportunista. A troca deve ser equilibrada e baseada em mutualidade. Compartilhar o que você sabe (falar/escrever) e aprender o que os outros têm a ensinar (ouvir/ler) cria uma dinâmica enriquecedora e sustentável.

Assim, estar presente e ter sua presença reconhecida e valorizada é melhor que dar ou receber presentes. Embora em algumas situações possa ser difícil manter contato constante, busque alternativas, até mesmo pelas redes sociais. Postagens e conversas pontuais ajudam a manter sua presença na memória das pessoas, porém evite exagerar na interação virtual. Além disso, pedir indicações e contatos só quando necessita compromete a relação, pois indicações devem ser a consequência natural de um contato frequente e genuíno. Quem se lembra de você e conhece seu potencial tende a oferecer ajuda espontaneamente; portanto, o ideal é focar conexões autênticas em que o interesse mútuo prevaleça sobre a mera conveniência.

Para construir relações verdadeiras, é essencial também identificar valores e princípios que estejam alinhados. Sem isso, fica claro que o contato é movido apenas por interesse, o que dificulta a formação de uma relação produtiva. O importante é criar uma rede de apoio mútua, com a qual todos possam se beneficiar e crescer juntos. Ser autêntico, generoso e interessado em gerar impacto e bem-estar nos outros é um dos pilares para construir uma rede consistente, eficaz e duradoura. É isso que diferencia aqueles que têm sucesso nas conexões daqueles que somente passam pelas relações de modo superficial.

O verdadeiro networking, principalmente aquele que contribui com vendas e trocas comerciais, tem a ver com construir pontes, e não muros, bem como criar valor, e não apenas procurá-lo. Ao focar o *ser* em vez do *ter* e servir genuinamente, você construirá uma rede de contatos valiosa para amizades e negócios. É por isso que eu sempre digo que "Amigos, amigos; negócios fazem parte".

CAPÍTULO 9

# A liderança consciente, servil e adaptável

No mundo dos negócios, o conceito de liderança evoluiu de modo significativo ao longo dos anos. Antes, chefes exerciam poder e exigiam obediência, forçando a obtenção dos resultados. Com o tempo, surgiu o modelo de liderança influenciadora, no qual líderes guiavam colaboradores para alcançar os objetivos. Mais recentemente, um novo modelo de liderança tem ganhado destaque: a liderança servil.

## COMO DESTRAVAR O MINDSET

Para alcançar o sucesso, é essencial adotar uma mentalidade de crescimento e estar aberto a mudanças. Algumas ações que podem ser executadas para isso são:

- Educação e treinamento contínuos: invista em educação e treinamento contínuos para você e sua equipe. Isso mantém todos atualizados em relação às últimas tendências e melhores práticas do mercado.
- Mentalidade de aprendizado: adote uma mentalidade de aprendizado, na qual os erros sejam vistos como oportunidades para crescer e melhorar. Isso promove a inovação e a adaptabilidade em sua empresa.
- Flexibilidade e adaptabilidade: esteja disposto a ajustar suas estratégias e abordagens conforme necessário. A flexibilidade é crucial para se adaptar às mudanças e aproveitar novas oportunidades.

## A EVOLUÇÃO DO MODELO DE LIDERANÇA

A liderança servil é caracterizada por autoconsciência, autoconfiança e autorresponsabilidade, com a definição de humildade, respeito e tolerância como pilares da gestão. Líderes nesse perfil servem e se realizam através do desenvolvimento de outros, incentivando a criação de uma organização que aprende constantemente. Esse tipo de liderança é praticado pelos melhores CEOs do mundo e reconhecido por colocar os colaboradores como stakeholders, em pé de igualdade com acionistas.

Líderes servidores ouvem e respondem às necessidades apontadas por colaboradores. Eles constroem uma cultura de confiança mútua, em que a transparência e a colaboração são incentivadas. Ao promoverem o intraempreendedorismo e darem aos colaboradores a liberdade de usar as próprias habilidades e tomar decisões, essas lideranças criam um ambiente de pertencimento e responsabilidade.

## AS QUALIDADES DE UMA LIDERANÇA EFICAZ EM TEMPOS DE MUDANÇA

Para ser eficaz em tempos de mudança rápida, sua liderança precisa ser consciente e adaptável. A adaptabilidade é uma das principais qualidades de uma liderança eficaz, pois permite que você ajuste as estratégias e as abordagens rapidamente em resposta a mudanças no mercado ou no ambiente de negócios.

Empatia é igualmente importante, visto que facilita compreender e considerar as emoções e as perspectivas dos funcionários, criando um ambiente de trabalho positivo e colaborativo. Nesse cenário, visão estratégica é a capacidade de enxergar além dos desafios imediatos e planejar no longo prazo, guiando sua empresa em direção a objetivos claros e inspiradores.

## AS ESTRATÉGIAS PARA DESENVOLVER UMA LIDERANÇA CONSCIENTE E ADAPTÁVEL

Desenvolver essas qualidades exige esforço e compromisso. Programas de treinamento e workshops podem ajudar você a desenvolver habilidades essenciais, como comunicação eficaz, resolução de conflitos e tomada de decisões estratégicas. O feedback constante é crucial, pois criar um ambiente onde o feedback é contínuo e bidirecional o ajuda a entender as áreas que precisam de melhoria e ajustar as abordagens conforme necessário.

Além disso, incentivar os líderes a buscarem oportunidades de desenvolvimento pessoal, como mentoria, coaching e educação contínua, fortalece as habilidades deles e os mantém atualizados a respeito das melhores práticas de liderança disponíveis.

## LÍDERES QUE IMPLEMENTARAM ESSAS ESTRATÉGIAS COM SUCESSO

Satya Nadella, CEO da Microsoft, é um exemplo de liderança consciente e adaptável. Ao assumir a frente da Microsoft, ele transformou a cultura da empresa, focando inovação e colaboração. Com isso, promoveu uma mentalidade de crescimento e adaptabilidade, ajudando a Microsoft a se tornar líder em computação em nuvem e outras tecnologias emergentes.

Arne Sorenson, ex-CEO da rede de hotéis e resorts Marriott, também é conhecido pela abordagem empática e adaptável, especialmente durante crises. Ele se concentrou em manter a cultura organizacional forte e apoiar os funcionários, o que ajudou a companhia a lidar com desafios significativos e seguir competitiva.

Ambos os exemplos mostram que, com a combinação certa de empatia, adaptabilidade e visão estratégica, líderes podem superar desafios, além de criar um ambiente de trabalho positivo e produtivo que promova o crescimento e a inovação.

## AS QUALIDADES DE UMA LIDERANÇA EFICAZ EM TEMPOS DE MUDANÇA

A liderança consciente também é marcada pela transparência. Quando você pratica a transparência, constrói confiança nas equipes, compartilhando informações de maneira aberta e honesta. Isso inclui ser transparente sobre os desafios que a empresa enfrenta, assim como sobre as vitórias. Essa postura ajuda a alinhar todos em torno dos mesmos objetivos e cria um ambiente onde os colaboradores se sentem mais conectados e engajados.

Além disso, uma liderança eficaz em tempos de mudança deve ser resiliente, servindo como um modelo para as equipes e demonstrando que é possível superar desafios e emergir mais forte. A resiliência permite que você se recupere rapidamente de contratempos e continue avançando com confiança, incentivando uma mentalidade de crescimento, na qual os erros são vistos como oportunidades de aprendizado e aprimoramento.

Uma abordagem prática para estruturar uma liderança consciente e adaptável é a implementação de programas de desenvolvimento de liderança que se concentrem nessas qualidades. Workshops, seminários e treinamentos focados em habilidades de comunicação, empatia, resolução de conflitos e tomada de decisões estratégicas são fundamentais. Programas de mentoria também são valiosos, pois permitem que líderes mais experientes compartilhem conhecimento e experiências com novos líderes.

Outros componentes essenciais são as pesquisas de satisfação dos funcionários e um sistema aberto de comunicação com o qual todos se sintam à vontade para compartilhar opiniões. Nesse cenário, o feedback deve ser bidirecional, possibilitando que tanto líderes quanto colaboradores ofereçam e recebam sugestões de melhoria.

## A IMPLEMENTAÇÃO DE TECNOLOGIAS PARA APOIAR A LIDERANÇA ADAPTÁVEL

A tecnologia pode ser uma aliada poderosa na promoção de uma liderança adaptável. Ferramentas de comunicação e colaboração, como plataformas de videoconferência, softwares de gestão de projetos e aplicativos de mensagens instantâneas, favorecem a comunicação aberta e eficiente, independentemente da localização dos membros da equipe. Esses recursos permitem que líderes se conectem facilmente com as equipes, compartilhem informações importantes em tempo real e respondam rapidamente a quaisquer mudanças ou desafios.

Sistemas de análise de dados também são fundamentais, pois fornecem insights valiosos sobre o desempenho da equipe, a satisfação dos funcionários e as tendências do mercado. Com esses dados, você pode tomar decisões mais bem-informadas e estratégicas, ajustando as abordagens para melhor atender às necessidades de sua empresa e seus colaboradores.

## EXEMPLOS DE EMPRESAS QUE UTILIZAM TECNOLOGIA PARA FORTALECER A LIDERANÇA

A Salesforce é um excelente exemplo de empresa que utiliza tecnologia para fortalecer a liderança, já que emprega uma variedade de ferramentas de gestão de relacionamento com o cliente (CRM) para manter a comunicação aberta e eficaz entre líderes e equipes. Esses recursos permitem monitorar o desempenho em tempo real, identificar áreas de melhoria e implementar mudanças rapidamente. Além disso, a Salesforce promove uma cultura de feedback contínuo, na qual os funcionários são incentivados a compartilhar ideias e opiniões.

A Google também se destaca na utilização de tecnologia para apoiar a liderança. A empresa oferece uma ampla gama de ferramentas e recursos para líderes, incluindo plataformas de colaboração como o Google Workspace, que facilitam a comunicação e a colaboração em equipe. Além disso, a companhia utiliza sistemas avançados de análise de dados para monitorar a satisfação dos funcionários e identificar áreas de melhoria, garantindo que os líderes possam tomar decisões bem-informadas e estratégicas.

Esses exemplos mostram como a tecnologia pode ser integrada na estratégia de liderança para promover uma cultura de transparência, resiliência e adaptabilidade. Ao aproveitar as ferramentas tecnológicas disponíveis, você pode criar um ambiente de trabalho mais conectado, engajado e eficaz.

### A CULTURA ORGANIZACIONAL E A LIDERANÇA SERVIL

A cultura organizacional é o conjunto de valores, crenças e comportamentos que definem como uma empresa opera. Uma parte fundamental da liderança consciente e adaptável é a construção de uma cultura organizacional forte que apoie e promova esses valores. Uma cultura positiva pode aumentar o engajamento, a produtividade e a satisfação de seus funcionários, enquanto uma cultura negativa pode provocar alta rotatividade, baixa moral e desempenho insatisfatório.

### A IMPLEMENTAÇÃO DE PRÁTICAS DE LIDERANÇA SERVIL

Para implementar práticas de liderança servil, você deve começar demonstrando empatia e compreensão genuína aos colaboradores, o que envolve ouvir atentamente as preocupações e sugestões deles, oferecendo apoio e orientação.

Esteja sempre disposto a atuar como mentor e coach, ajudando seus funcionários a desenvolverem habilidades e alcançarem o potencial máximo.

Outra prática importante é reconhecer e valorizar os esforços dos colaboradores. Programas de validação podem incluir prêmios, bonificações, reconhecimento público e oportunidades de desenvolvimento. Quando os funcionários se sentem apreciados, ficam mais propensos a se engajarem e a contribuírem positivamente para a empresa.

## ESTUDOS DE CASO DE LIDERANÇA SERVIL

Tony Hsieh, ex-CEO da Zappos, é um exemplo clássico de liderança servil, por ter criado uma cultura organizacional centrada no atendimento ao cliente e na felicidade dos funcionários. Ele acreditava que colocar os colaboradores em primeiro lugar os deixaria mais motivados a proporcionar um excelente atendimento ao cliente. Sob a liderança de Hsieh, a Zappos implementou uma série de práticas de reconhecimento e desenvolvimento de funcionários que contribuíram para criar um ambiente de trabalho positivo e colaborativo.

Herb Kelleher, cofundador da Southwest Airlines, também exemplificou a liderança servil, ficando conhecido pelo estilo de liderança acessível e pela disposição em ouvir e apoiar os funcionários. Ele acreditava que tratar os colaboradores com respeito e dignidade os faria tratar os clientes da mesma maneira. Essa abordagem ajudou a Southwest Airlines a construir uma forte cultura organizacional e se tornar uma das companhias aéreas mais respeitadas e bem-sucedidas do mundo.

## OS BENEFÍCIOS DA LIDERANÇA SERVIL

A liderança servil gera uma série de benefícios tanto para funcionários quanto para a empresa, pois aumenta a satisfação e a retenção de talentos. Quando os colaboradores se sentem valorizados e apoiados, desejam permanecer na empresa e contribuir de modo positivo. Isso reduz a rotatividade e os custos associados à contratação e ao treinamento de outras pessoas.

Além disso, a liderança servil promove um ambiente de trabalho mais colaborativo e inovador. Quando os funcionários se sentem seguros para compartilhar ideias e sugestões, a empresa se beneficia de uma maior diversidade de perspectivas e soluções criativas. Isso acarreta inovações que melhoram os produtos, os serviços e os processos, aumentando a competitividade no mercado.

Por fim, a liderança servil fortalece a reputação da empresa. Companhias conhecidas por tratarem bem os funcionários atraem talentos de alta qualidade e constroem uma reputação positiva entre os clientes e a comunidade. Isso resulta em maior engajamento dos consumidores, aumento das vendas e crescimento sustentável no longo prazo.

A liderança consciente, servil e adaptável é essencial para o sucesso de sua empresa no atual mundo de negócios em constante mudança. Ao promover a transparência, a empatia e a colaboração, você pode criar um ambiente de trabalho positivo e produtivo que beneficie os funcionários e a empresa.

Implementar práticas de liderança servil e utilizar a tecnologia para apoiar a comunicação e a análise de dados também são estratégias eficazes para desenvolver líderes capazes de guiar as equipes de sua empresa com sucesso em meio a desafios e mudanças.

A ADAPTABILIDADE É UMA DAS PRINCIPAIS QUALIDADES DE UMA LIDERANÇA EFICAZ.

@joaokepler

A ADAPTABILIDADE É UMA DAS PRINCIPAIS QUALIDADES DE UMA LIDERANÇA.

# CAPÍTULO 10
# A mentalidade investidora

Neste ponto da leitura, é possível que você já tenha compreendido que toda mudança parte da somatória de uma decisão consciente e de ações estratégicas, gerando resultado (decisão consciente + ações estratégicas = resultado).

Essa fórmula, apesar de básica, é comumente esquecida pelos líderes. Por isso, é fundamental que você compreenda de uma vez por todas a diferença entre ser empresário, empreendedor e investidor, para que possa desenvolver sua mentalidade investidora e atingir o resultado final de quem sobe o nível de consciência e age com foco em resultados em médio e longo prazos.

Embora os termos citados a seguir sejam frequentemente usados de modo intercambiável, cada um tem foco e abordagem diferentes.

- Empresário: alguém que possui e administra uma empresa, concentrando-se em gerir as operações diárias, maximizar o lucro, controlar os custos e garantir que a companhia funcione de maneira eficiente. O empresário normalmente está envolvido em todos os aspectos do negócio, desde o planejamento estratégico até a execução operacional.
- Empreendedor: alguém que identifica uma oportunidade de mercado e assume riscos para criar e desenvolver um novo negócio. Tem perfil inovador por natureza, sempre buscando formas de resolver problemas e criar valor. Por ser visionário, foca crescimento e expansão, muitas vezes enfrentando incertezas e desafios no caminho.
- Investidor: alguém que coloca capital em negócios, propriedades ou outros ativos com a expectativa de obter um retorno, por isso busca diversificar os

investimentos e fazer o dinheiro trabalhar para ele. Pensa no futuro e está sempre focado em gerar riqueza e crescimento sustentável. Um investidor bem-sucedido precisa ter bom entendimento do mercado, capacidade de análise e mentalidade estratégica.

## A IMPORTÂNCIA DA MENTALIDADE INVESTIDORA

Adotar uma mentalidade investidora é essencial se você deseja garantir o crescimento sustentável e o sucesso de sua empresa no longo prazo. Pensar como um investidor envolve planejamento, diversificação e foco em resultados sustentáveis. Isso significa olhar além dos ganhos imediatos e considerar como as decisões de hoje impactarão o futuro de seu negócio.

Uma mentalidade investidora também incentiva a análise cuidadosa e a tomada de decisões com base em informações atualizadas. Investidores bem-sucedidos não apenas procuram oportunidades de alto retorno, mas também avaliam os riscos associados e desenvolvem estratégias para mitigá-los. Eles estão sempre em busca de novas oportunidades de crescimento, seja através da expansão de operações, seja com o desenvolvimento de novos produtos, seja na entrada em novos mercados.

## EXEMPLO DE TRANSFORMAÇÃO DE MENTALIDADE

Conhecido como o "empreendedor periférico", Alex Vilela começou resolvendo problemas e criando negócios, quando percebeu a importância de adotar uma mentalidade investidora para alcançar um crescimento sustentável. Ao focar modelos de negócios, escala e equity, ele conseguiu transformar iniciativas empreendedoras em investimentos de longo prazo.

Essa história exemplifica como a mentalidade investidora pode levar a um sucesso contínuo e significativo.

## A IMPLEMENTAÇÃO PRÁTICA DA MENTALIDADE INVESTIDORA

Para implementar a mentalidade investidora na prática, considere os seguintes passos:

- Visão de longo prazo: a mentalidade investidora exige que você olhe além dos resultados imediatos e pense no crescimento sustentável. Estabeleça metas longas e desenvolva um plano estratégico para alcançá-las, o que inclui identificar áreas de investimento que podem gerar retornos significativos no futuro.
- Diversificação de investimentos: diversificar seus investimentos é crucial para minimizar riscos e maximizar retornos. Isso pode envolver a expansão para novos mercados, o desenvolvimento de novos produtos ou serviços e investimentos em outras empresas. Diversificar também significa não colocar todos os recursos em um único projeto ou iniciativa, mas espalhá-los para garantir que uma falha não comprometa todo o portfólio.
- Análise cuidadosa e tomada de decisões bem-informadas: antes de fazer qualquer investimento, é essencial realizar uma análise cuidadosa e entender todos os riscos e os benefícios potenciais. Utilize ferramentas de análise financeira, estude o mercado e busque conselhos de especialistas, pois isso ajuda a minimizar riscos e maximizar o potencial de retorno.
- Foco em geração de valor: a mentalidade investidora é centrada na criação de valor futuro. Isso significa focar não apenas o lucro imediato, mas também o modo como as decisões de investimento podem contribuir para o crescimento sustentável. Considere como cada investimento pode melhorar suas operações, fortalecer sua posição no mercado e aumentar o valor de sua empresa.

- 💡 Construção de um ecossistema de apoio: uma rede de mentores, parceiros e investidores pode proporcionar o suporte necessário para você tomar decisões estratégicas e superar desafios. Um ecossistema de apoio é capaz de oferecer insights valiosos, abrir portas para novas oportunidades e fornecer recursos adicionais para ajudá-lo a atingir suas metas de longo prazo.

Adotar uma mentalidade investidora é crucial para garantir o crescimento sustentável e o sucesso. Ao pensar como um investidor, é possível fazer o dinheiro trabalhar para você, diversificar seus investimentos e focar a criação de valor duradouro.

INVESTIDORES BEM-
-SUCEDIDOS NÃO
APENAS PROCURAM
OPORTUNIDADES DE
ALTO RETORNO, MAS
TAMBÉM AVALIAM OS
RISCOS ASSOCIADOS
E DESENVOLVEM
ESTRATÉGIAS PARA
MITIGÁ-LOS.

@joaokepler

"INVESTIDORES BEM-SUCEDIDOS NÃO APENAS PROCURAM OPORTUNIDADES DE ALTO RETORNO, MAS TAMBÉM AVALIAM OS RISCOS ASSOCIADOS E ENVOLVEM ESTRATÉGIAS PARA MITIGÁ-LOS."

# CAPÍTULO 11

# O nível de consciência empresarial

Desenvolver uma consciência empresarial robusta é crucial para que seu negócio aspire não somente ao sucesso econômico, mas também ao impacto social e ambiental positivo. Inspirado nos cinco níveis de consciência que detalhei no livro *Inevitável*,[12] este capítulo explora como esses conceitos podem ser aplicados na prática para transformar a maneira como sua empresa opera e se engaja no mundo.

No mundo dos negócios, a consciência empresarial não tem relação apenas com estar ciente do que acontece dentro de sua empresa. Também envolve uma compreensão mais profunda das influências externas, das responsabilidades sociais e de como as decisões empresariais impactam todos os stakeholders.

Avançar tendo ciência dos diferentes níveis de consciência empresarial pode transformar sua organização, tornando-a mais resiliente, adaptável e alinhada com as necessidades do mundo moderno.

## PRIMEIRO NÍVEL: CONSCIÊNCIA OPERACIONAL

No primeiro nível, a consciência operacional, você começa a entender a importância de otimizar e aperfeiçoar os processos internos de sua empresa, algo fundamental para garantir que o negócio possa funcionar de maneira eficiente e sustentável. Por exemplo, a Toyota, com o renomado Sistema Toyota de Produção, exemplifica esse nível

---

12. KEPLER, J. **Inevitável**: como subir o nível de consciência empresarial, escalar o seu negócio e entender a força do equity para ampliar sua visão e as oportunidades na nova economia. São Paulo: Editora Gente, 2023.

ao implementar processos que eliminam desperdícios e melhoram continuamente a qualidade das entregas.

O foco está em garantir que cada engrenagem da máquina empresarial funcione com a máxima eficiência. No entanto, é essencial não se perder nos detalhes nem esquecer a visão geral. A eficiência operacional deve ser um meio para um fim, e não seu objetivo final. O desafio aqui é você manter a operação eficiente enquanto segue aberto à aplicação melhorias e inovações contínuas.

### SEGUNDO NÍVEL: CONSCIÊNCIA ESTRATÉGICA

Avançando para o segundo nível, a consciência estratégica, você começa a olhar para fora, avaliando o ambiente competitivo e identificando oportunidades de crescimento. Nesse estágio, é crucial entender as forças do mercado, as necessidades dos clientes e como sua empresa pode se posicionar de maneira diferenciada. A Netflix, ao migrar do aluguel de DVDs para o streaming, demonstrou profunda consciência estratégica, o que a posicionou como líder em um mercado emergente.

Essa consciência envolve fazer uma análise constante do mercado e de seus concorrentes. Para isso, é vital desenvolver a habilidade de antecipar mudanças e adaptar-se a elas de modo rápido. Empresas que falham em desenvolver essa consciência frequentemente se encontram em posições defensivas, reagindo às mudanças em vez de liderá-las. O sucesso de longo prazo depende de uma estratégia bem-delineada que se alinhe com a visão e os objetivos de sua empresa.

### TERCEIRO NÍVEL: CONSCIÊNCIA DE SUSTENTABILIDADE

O terceiro nível, a consciência de sustentabilidade, reflete uma compreensão da interdependência entre seu negócio e o meio ambiente. Nesse cenário, um exemplo é a Patagonia, que incorpora práticas sustentáveis nos produtos e se esforça para influenciar positivamente a indústria e os consumidores, promovendo maior conscientização ambiental.

A sustentabilidade não deve ser vista apenas como uma obrigação ética, e sim como uma oportunidade de inovação e liderança no mercado. Empresas que adotam práticas sustentáveis muitas vezes descobrem outras maneiras de economizar recursos e reduzir custos. Além disso, uma forte consciência de sustentabilidade pode melhorar significativamente a reputação de sua marca e aumentar a lealdade de seus clientes.

## QUARTO NÍVEL: CONSCIÊNCIA SOCIAL

No quarto nível, a consciência social, sua empresa reconhece o próprio papel e impacto na sociedade. A Ben & Jerry's, por exemplo, vai além de oferecer produtos de qualidade e utiliza influência para promover mudanças sociais, envolvendo-se ativamente em causas sociais e políticas que refletem esses valores corporativos.

Essa consciência envolve uma abordagem mais holística e humana. Quando a empresa desenvolve uma forte consciência social, tende a atrair e reter talentos que compartilham os mesmos valores, criando uma cultura corporativa forte e coesa. Além disso, os consumidores vêm escolhendo, cada vez mais, marcas que demonstram responsabilidade social, fato que torna essa abordagem ética e estratégica.

## QUINTO NÍVEL: CONSCIÊNCIA INTEGRATIVA

Finalmente, no quinto nível, a consciência integrativa, você alcança uma visão holística que integra os insights dos níveis anteriores em uma abordagem unificada e estratégica. Estando nesse estágio, a Google não só domina a inovação tecnológica como também se esforça para que essa inovação beneficie a sociedade de maneira ampla, investindo em projetos que vão de educação até sustentabilidade energética.

Esse nível de consciência requer uma visão que supere o lucro e o sucesso empresarial, percebendo o papel de sua empresa como um agente de mudança positiva no mundo. Companhias com consciência integrativa são capazes de alinhar os objetivos de negócio com um propósito maior, criando valor para todos os stakeholders, incluindo clientes, funcionários, comunidades e meio ambiente.

## Os cinco níveis de consciência empresarial

Para que sua empresa prospere em um mundo em constante mudança, é essencial que você desenvolva uma consciência empresarial que vá além das operações diárias. Inspirado pelas práticas de negócios, desenvolvi cinco níveis de consciência empresarial que servem como um guia prático para ajudar você a seguir em direção a um futuro mais resiliente e sustentável. Vamos explorar cada um desses níveis e entender como subir nessa escala.

### Nível 1: visão

O primeiro nível de consciência empresarial começa com a visão atual de seu negócio, seja ele tradicional, seja digital. Nesse estágio, o foco está em entender e otimizar suas operações diárias. Empresas nesse nível estão concentradas em garantir que os produtos e os serviços atendam às necessidades básicas dos clientes de maneira eficiente e eficaz. É aqui que se estabelece a base sólida sobre a qual os níveis seguintes serão construídos.

Por exemplo, uma padaria local, como a de João, que conhecemos no primeiro capítulo, inicialmente se concentra em garantir que os produtos sejam de alta qualidade e que o atendimento ao cliente seja excelente. A otimização de processos internos, como a gestão de estoque e a melhoria da eficiência operacional, também é fundamental. Para subir ao próximo nível, a padaria precisa começar a avaliar além do dia a dia e considerar modos de expandir essa visão.

### Nível 2: O inevitável

No segundo nível, a visão se amplia para abarcar a nova economia, o que envolve a criação de plataformas de negócios e a adição de camadas de serviços e distribuição. Aqui, sua empresa começa a integrar novas tecnologias e modelos de negócios inovadores para expandir a oferta e alcançar novos mercados.

Tomemos a Netflix como exemplo. Inicialmente uma empresa de aluguel de DVDs, a companhia expandiu a própria visão ao migrar para o streaming digital, tornando-se uma plataforma de entretenimento global. Para empresas como a padaria de João, isso pode significar a criação de uma loja on-line para vender os produtos ou a oferta de serviços de assinatura para entregas regulares de produtos frescos.

O objetivo é explorar novos canais de distribuição e serviços para alcançar uma base mais ampla de clientes.

### Nível 3: escala

O terceiro nível, a visão de escala, envolve a implementação de um motor 2 de crescimento, a adoção de gestão ágil e a busca de investimentos estratégicos. Trata-se de alavancar o crescimento e expandir a capacidade de sua empresa de maneira sustentável e controlada.

A Amazon é um exemplo clássico de como escalar as operações. Tendo começado como uma livraria on-line, a companhia implementou o motor 2 com o lançamento da Amazon Web Services (AWS), que agora é uma das maiores fontes de receita da marca. Para a padaria de João, escalar pode significar expandir para novos locais, buscar financiamento para aumentar a produção ou diversificar a linha de produtos para incluir itens que complementem a oferta existente.

A gestão ágil permite que sua empresa responda rapidamente às mudanças no mercado e ajuste as operações conforme necessário.

### Nível 4: equity

O quarto nível destaca o poder do equity e o jogo do equity. Nesse estágio, você começa a entender e aproveitar o valor do capital social de sua empresa e como ele pode ser usado para financiar crescimento e inovação. A consciência do equity permite que você veja sua empresa como um ativo que pode atrair investimentos e criar valor futuro.

Empresas de tecnologia frequentemente utilizam esse conceito ao buscar rodadas de financiamento com *venture capital*. Por exemplo, Uber e Airbnb cresceram significativamente ao entender o valor do próprio equity e utilizá-lo para atrair investidores e expandir as operações globais. Para a padaria de João, compreender o poder do equity pode significar buscar investidores que identifiquem valor no potencial de crescimento da padaria e estejam dispostos a investir na expansão dela.

### Nível 5: jogo infinito

No nível mais alto, que é o jogo infinito, sua empresa adota uma visão holística que integra o ecossistema, a comunidade e o conceito de servir. Torna-se mais claro que o sucesso empresarial não é um fim em si mesmo, e sim uma jornada contínua. Empresas nesse nível buscam criar um impacto positivo e duradouro no mundo ao redor.

A Patagonia exemplifica esse nível ao integrar práticas sustentáveis e de responsabilidade social em todas as operações que executa. A empresa vende produtos enquanto promove a conservação ambiental e a responsabilidade social como parte do modelo de negócios. Para a padaria de João, alcançar o nível do jogo infinito pode significar se envolver ativamente com a comunidade local, promover práticas sustentáveis e criar um ambiente de trabalho que valorize e apoie os funcionários.

Para que você não perca de vista cada nível, deixo aqui uma versão resumida deles:

- Nível 1 – Visão: a visão atual de negócios tradicionais ou digitais.
- Nível 2 – O inevitável: visão ampliada, nova economia, plataforma de negócios e camadas de serviços e distribuição.
- Nível 3 – Escala: visão de escala, motor 2, gestão ágil e investimento.
- Nível 4 – Equity: poder e jogo do equity.
- Nível 5 – Jogo infinito: ecossistema, comunidade, serviço e jogo infinito.

## A IMPLEMENTAÇÃO DA CONSCIÊNCIA NO CORAÇÃO DOS NEGÓCIOS

Implementar e integrar esses níveis de consciência exige um compromisso contínuo com a aprendizagem e a adaptação. Você e sua empresa devem estar dispostos a questionar constantemente as práticas atuais e buscar maneiras de melhorar. Isso envolve estimular uma cultura que valorize a curiosidade, o respeito mútuo entre todos os stakeholders e a responsabilidade social.

Além disso, é vital que suas lideranças demonstrem, por meio de ações concretas, como os valores da empresa são aplicados no dia a dia, garantindo que a missão seja vivida, e não apenas verbalizada. A capacidade de se adaptar e responder de modo proativo às mudanças define o sucesso no longo prazo, assim como fortalece a marca e a reputação de sua empresa no mercado.

Ao adotar e integrar os cinco níveis de consciência empresarial, você pode alcançar seus objetivos de negócios, além de contribuir para uma mudança positiva na sociedade e na economia global. Esse nível elevado de operação abre novas oportunidades de negócio e constrói um legado de impacto e responsabilidade.

O caminho para uma consciência empresarial elevada pode ser complexo, porém as recompensas vão muito além do sucesso financeiro, oferecendo uma satisfação duradoura e significativa que reverbera em todas as facetas da sociedade.

## A DEFINIÇÃO DA CONSCIÊNCIA EMPRESARIAL

Apresento a seguir um exercício simples para a avaliação do nível de consciência empresarial. Que tal testar o seu honestamente? Cada resposta tem uma pontuação associada. Após terminar, some os pontos acumulados e confira seu nível de consciência empresarial de acordo com a pontuação total.

### 💡 Sustentabilidade e responsabilidade social
a. Não temos iniciativas de sustentabilidade ou responsabilidade social. (0 ponto)
b. Estamos começando a implementar práticas sustentáveis e de responsabilidade social. (1 ponto)
c. Temos várias iniciativas de sustentabilidade e responsabilidade social bem estabelecidas. (2 pontos)
d. Lideramos e inovamos constantemente em sustentabilidade e responsabilidade social em nosso setor. (3 pontos)

### 💡 Inovação e adaptação
a. Raramente adotamos novas tecnologias ou métodos de trabalho. (0 ponto)
b. Somos abertos a inovação, mas adotamos uma abordagem cautelosa. (1 ponto)
c. Regularmente implementamos novas tecnologias e métodos inovadores. (2 pontos)

d. Somos líderes em inovação em nosso setor, sempre à frente na adoção de novidades. (3 pontos)

### 💡 Visão e planejamento estratégico

a. Nosso planejamento é reativo e focado no curto prazo. (0 ponto)
b. Temos uma visão de médio prazo, que planejamos para garantir estabilidade. (1 ponto)
c. Planejamos estrategicamente com uma visão de longo prazo. (2 pontos)
d. Nossa visão de futuro é transformadora e influencia nossa empresa e o setor como um todo. (3 pontos)

### 💡 Conhecimento do mercado e concorrência

a. Temos um entendimento básico de nosso mercado e de nossos concorrentes. (0 ponto)
b. Monitoramos regularmente o mercado e a concorrência, ajustando nossa estratégia conforme necessário. (1 ponto)
c. Temos um entendimento profundo e antecipamos mudanças no mercado e na concorrência. (2 pontos)
d. Somos referência em insights de mercado. Frequentemente antecipamos e moldamos as tendências do setor. (3 pontos)

### 💡 Cultura organizacional e gestão de pessoas

a. A cultura de nossa empresa é pouco definida e não é uma prioridade. (0 ponto)
b. Estamos trabalhando para melhorar nossa cultura organizacional e nossa gestão de pessoas. (1 ponto)
c. Temos uma cultura forte que valoriza e desenvolve nossos colaboradores. (2 pontos)
d. Nossa cultura organizacional é inovadora, inclusiva e um diferencial competitivo claro. (3 pontos)

### 💡 Avaliação da pontuação

De 0 a 5 pontos: consciência empresarial inicial. Sua empresa está no começo da jornada. Há muito espaço para desenvolver uma maior consciência e implementar práticas mais sustentáveis e inovadoras.

De 6 a 10 pontos: consciência empresarial intermediária. Você já reconhece a importância da consciência empresarial e começou a implementar práticas relevantes em sua empresa. Continue buscando melhorias e inovações.

De 11 a 15 pontos: consciência empresarial avançada. Sua empresa demonstra alto nível de consciência, com práticas consistentes de sustentabilidade, inovação e responsabilidade social. Mantenha-se como referência, buscando sempre evoluir.

De 16 a 20 pontos: líder de consciência empresarial. Você está na vanguarda da consciência empresarial, liderando pelo exemplo e inspirando outras empresas.

O CAMINHO PARA UMA CONSCIÊNCIA EMPRESARIAL ELEVADA PODE SER COMPLEXO, PORÉM AS RECOMPENSAS VÃO MUITO ALÉM DO SUCESSO FINANCEIRO, OFERECENDO UMA SATISFAÇÃO DURADOURA E SIGNIFICATIVA QUE REVERBERA EM TODAS AS FACETAS DA SOCIEDADE.

@joaokepler

# O CAMINHO PARA UMA CONSCIÊNCIA EMPRESARIAL ELEVADA PODE SER COMPLEXO, PORÉM AS RECOMPENSAS VÃO MUITO ALÉM DO SUCESSO FINANCEIRO, OFERECENDO SATISFAÇÃO E PAZ INTERIOR.

CAPÍTULO 12

# A gestão de crises: preparação e resiliência

CAPÍTULO 12

# A gestão de crises: preparação e resiliência

A gestão de crises é uma habilidade essencial para qualquer empreendedor. Crises podem surgir de várias maneiras, incluindo problemas financeiros, desastres naturais, falhas de produto, questões de reputação e crises de saúde pública. Saber identificar e se preparar para essas situações pode fazer a diferença entre a sobrevivência e o colapso de seu negócio.

## A ESTABILIDADE DO NEGÓCIO

Garantir a estabilidade do negócio é crucial para seu sucesso no longo prazo. Aqui estão algumas práticas essenciais para você começar a desenvolvê-la o quanto antes:

- Gestão financeira sólida: mantenha uma gestão financeira consistente, com controle rigoroso de custos e orçamento. Reserve fundos para emergências e invista em áreas que proporcionem crescimento sustentável.
- Diversificação de riscos: diversifique os riscos ao investir em diferentes áreas de negócios, produtos ou mercados. Isso ajuda a mitigar os impactos de crises e as mudanças no mercado.
- Relatórios e monitoramento: utilize relatórios regulares e ferramentas de monitoramento para acompanhar o desempenho de sua empresa. Assim, você consegue identificar problemas rapidamente e tomar medidas corretivas antes que eles se tornem críticos.

## A IDENTIFICAÇÃO DE POTENCIAIS CRISES EMPRESARIAIS

A identificação de potenciais crises começa com um mapeamento de riscos e vulnerabilidades. Você deve analisar todas as áreas de seu negócio e o ambiente externo para identificar possíveis ameaças. Isso inclui a avaliação de riscos financeiros, operacionais, reputacionais e legais.

Uma vez identificados os riscos, desenvolva estratégias para mitigá-los e se preparar para possíveis crises. Um plano de gestão de crises bem-desenvolvido envolve a criação de protocolos claros e equipes de resposta a crises. Esses protocolos devem estabelecer procedimentos específicos para diferentes tipos de crises, incluindo comunicação interna e externa, tomada de decisão e alocação de recursos. Por sua vez, equipes treinadas para responder rapidamente minimizam o impacto da crise e coordenam as ações necessárias para resolver a situação.

## EXEMPLOS DE EMPRESAS QUE SUPERARAM CRISES COM RESILIÊNCIA

A Johnson & Johnson é um exemplo clássico de gestão eficaz de crises. Em 1982, quando frascos do medicamento Tylenol foram adulterados, ela agiu rapidamente, retirando todos os produtos do mercado e definindo novas embalagens à prova de adulteração.[13] Essa resposta rápida e transparente ajudou a companhia a recuperar a confiança dos consumidores e a reputação da marca.

A Toyota também é um exemplo de resiliência. Ao implementar melhorias rigorosas nos processos de controle de qualidade e comunicação com os clientes, superou *recalls* imensos devido a problemas de segurança.

---

13. RUÃO, T. O caso Tylenol e o valor da Comunicação de Crise: é tempo de colocar as pessoas em primeiro lugar!. **Communitas**, 1 abr. 2020. Disponível em: https://www.communitas.pt/en/ideia/o-caso-tylenol-e-o-valor-da-comunicacao-de-crise-e-tempo-de-colocar-as-pessoas-em-primeiro-lugar. Acesso em: 4 out. 2024.

## COMO LIDAR COM O INEVITÁVEL?

Na vida e nos negócios, existem eventos inevitáveis capazes de afetar significativamente nosso bem-estar, nossa tranquilidade e até nosso sucesso. Podem ser mudanças na economia, novas tecnologias, pandemias, mortes, desastres naturais e muito mais. Embora acontecimentos desse tipo sejam assustadores, é importante lembrar que o sucesso não é medido pela ausência de desafios, e sim pela capacidade de superá-los, pela resiliência. Portanto, é crucial você estar preparado mentalmente para o inevitável na vida e nos negócios.

O primeiro passo é reconhecer que as mudanças são inevitáveis. Em vez de lutar contra elas, você deve aprender a se adaptar e a se reinventar continuamente. Isso significa estar sempre aberto a novas ideias e perspectivas, disposto a aprender com os erros e fracassos e pronto para mudar de direção quando necessário.

Um dos principais desafios enfrentados pelas empresas é a resistência a mudanças. Muitas vezes, as organizações se tornam complacentes e ficam presas a processos e sistemas antiquados, tornando-se incapazes de visualizar que precisam se adaptar às modificações do mercado. As empresas bem-sucedidas são aquelas que sempre procuram maneiras de melhorar, inovar e se reinventar.

Um exemplo disso pode ser visto na indústria de tecnologia. Com frequência, Apple, Amazon e Google lançam produtos e serviços que muitas vezes nem fazem sentido se comparados ao negócio principal, mas elas se adaptam às mudanças do mercado. Essas marcas entendem que se reinventar e subir o nível de consciência é a chave para o sucesso contínuo e perene, por isso sempre visam melhorar.

Para se preparar mentalmente para o inevitável na vida e nos negócios, esteja disposto a repensar, refazer, replanejar, reestruturar e reinventar. Isso significa reavaliar processos, produtos e serviços para garantir que eles continuem relevantes e competitivos. Ainda nesse sentido, outras iniciativas envolvem a reconstrução de equipes, a reavaliação de objetivos e prioridades, bem como alterações na cultura empresarial.

Além disso, é importante que você mantenha uma mentalidade positiva em relação às mudanças. Em vez de vê-las como ameaças, enxergue as oportunidades que vêm junto. Elas podem permitir que você explore novos mercados, desenvolva novos produtos e serviços e expanda seus negócios.

**O inevitável na vida e nos negócios é uma certeza.** Assim, um fator crucial para o sucesso nos negócios é a consciência empresarial, a capacidade de entender como seu negócio se encaixa no mundo que está em constante mudança e identificar oportunidades para crescer e evoluir.

Hoje, subir o nível de consciência empresarial é mais importante do que nunca. A rápida evolução da tecnologia, a mudança dos hábitos de consumo e a globalização estão transformando o cenário dos negócios em todo o mundo, então as empresas que não conseguem acompanhar essas modificações estão fadadas ao fracasso.

Ao adotar uma abordagem consciente para os negócios, você pode tornar sua empresa mais inovadora, eficiente, escalável, valorosa e lucrativa. E, mais importante ainda, ela estará mais bem preparada para enfrentar os inevitáveis desafios que surgirem no mundo dos negócios.

O SUCESSO NÃO É MEDIDO PELA AUSÊNCIA DE DESAFIOS, E SIM PELA CAPACIDADE DE SUPERÁ-LOS, PELA RESILIÊNCIA.

@joaokepler

# CAPÍTULO 13
# A cultura organizacional e o engajamento

# Capítulo 15

# A cultura organizacional e o balanceamento

Uma cultura organizacional forte define como a empresa opera e influencia o comportamento dos colaboradores. Se ela for positiva, pode aumentar o engajamento, a produtividade e a satisfação interna, enquanto uma cultura negativa tende a provocar alta rotatividade, baixo moral e desempenho insatisfatório da equipe.

## A IMPORTÂNCIA DE UMA CULTURA ORGANIZACIONAL FORTE

A cultura organizacional é o conjunto de valores, crenças e comportamentos que definem como uma empresa opera. Uma cultura forte e positiva favorece a criação de um ambiente de trabalho onde seus funcionários se sentem valorizados, motivados e comprometidos com os objetivos da empresa. Isso aumenta a produtividade e a retenção de talentos. Em contrapartida, uma cultura fraca ou negativa pode resultar em desmotivação, baixa produtividade e alta rotatividade de funcionários.

## AS ESTRATÉGIAS PARA AUMENTAR O ENGAJAMENTO DOS COLABORADORES

Para aumentar o engajamento dos colaboradores, você pode implementar várias estratégias. Programas de reconhecimento, por exemplo, são essenciais para valorizar e recompensar seus funcionários pelo trabalho árduo e pelas realizações deles. Prêmios, bonificações, reconhecimento público e oportunidades de desenvolvimento, com treinamentos, workshops e programas de mentoria, devem compor esse movimento.

Além disso, criar um ambiente de trabalho positivo, inclusivo e colaborativo, onde os funcionários se sintam apoiados e valorizados, pode aumentar significativamente o engajamento deles.

## EXEMPLOS DE EMPRESAS COM CULTURAS ORGANIZACIONAIS DE SUCESSO

A Google é conhecida pelo foco no bem-estar dos funcionários e pela inovação contínua. A empresa oferece uma variedade de benefícios, como refeições gratuitas, academias de ginástica e programas de desenvolvimento pessoal. Essa abordagem ajuda a manter os funcionários motivados e engajados.

A Zappos também é famosa pela cultura centrada no atendimento ao cliente e na felicidade dos colaboradores. A empresa promove um ambiente de trabalho divertido e colaborativo, onde os funcionários são incentivados a ser criativos e inovadores.

## O PAPEL DA GOVERNANÇA CORPORATIVA

É importante que você saiba claramente que, no mundo empresarial contemporâneo, a governança corporativa tem um papel central na definição do sucesso e da integridade de sua organização. Desenvolver uma governança eficiente, em especial em empresas na vanguarda da tecnologia e da inovação, é vital.

Nesse cenário, o ideal é que os executivos atendam estritamente às decisões do Conselho, já que estas são frutos de deliberações colegiadas, que incorporam uma variedade de perspectivas e interesses, em contraste com as visões únicas e potencialmente limitadas de executivos individuais. O papel do Conselho vai além da supervisão, pois ele atua como um baluarte na proteção dos interesses da empresa e de todos os stakeholders e shareholders.

Enquanto executivos podem ser guiados por ambições pessoais ou visões de curto prazo, o Conselho de Administração representa uma voz coletiva, abrangente e equilibrada. Essa soberania colegiada é crucial para manter a integridade e a sustentabilidade do negócio no longo prazo. As decisões do Conselho refletem uma compreensão abrangente dos desafios e das oportunidades que sua empresa enfrenta, inclusive de visão futura, considerando não apenas os objetivos financeiros, mas também as implicações éticas, sociais, estruturais e ambientais de tudo isso.

Essa abordagem garante que sua empresa prospere economicamente, bem como contribua de modo positivo para a sociedade e respeite os direitos e os interesses de todos os envolvidos, de funcionários e clientes a fornecedores e parceiros.

As consequências da desconexão entre a liderança executiva e o Conselho podem ser desastrosas. Quando um CEO age de modo independente ou em desacordo com as diretrizes do Conselho, há um risco significativo de desalinhamento em relação aos valores e às estratégias fundamentais da organização. Essa discrepância pode levar a decisões que, embora possam parecer benéficas, podem prejudicar a empresa no longo prazo.

A importância da governança corporativa e do papel crítico e crucial do Conselho na definição do curso ético e estratégico de uma empresa é considerável. Executivos podem e devem levar ao Conselho as visões, as oportunidades, os planejamentos, os orçamentos e tudo que considerarem relevante, porém devem seguir à risca o que foi deliberado pelo Conselho – nada mais, nada menos. Tampouco devem decidir além da própria alçada e competência, mesmo se forem fundadores acionistas.

O processo de remover um membro ou todo o Conselho geralmente é mais complexo do que demitir um CEO, pois requer coordenação e acordo entre várias partes, além de adesão a requisitos legais e procedimentais específicos.

Isso aconteceu no movimento de demissão de Steve Jobs como CEO da Apple em 1985. O retorno dele à companhia em 1997 não se deu por meio de ações ou destituição imediata do Conselho pelos acionistas. Foram necessários aproximadamente doze anos para que esse retorno acontecesse. Jobs voltou à Apple como "consultor" para a liderança que estava atuando depois que a Apple comprou a Next (outra empresa de Jobs). Durante aquele período, estando a Apple em declínio, Jobs começou a influenciar fortemente as decisões estratégicas e de produto da empresa e, logo na sequência, retornou como CEO interino.

A mensagem mais importante, no fim das contas, é que qualquer empresa deve ter uma governança eficiente.

É IMPORTANTE QUE VOCÊ MANTENHA UMA MENTALIDADE POSITIVA EM RELAÇÃO ÀS MUDANÇAS. EM VEZ DE VÊ-LAS COMO AMEAÇAS, ENXERGUE AS OPORTUNIDADES QUE VÊM JUNTO.

@joaokepler

É IMPORTANTE QUE VOCÊ MANTENHA UMA MENTALIDADE POSITIVA EM RELAÇÃO ÀS MUDANÇAS. EM VEZ DE VÊ-LAS COMO AMEAÇAS, ENXERGUE OPORTUNIDADES DE CRESCIMENTO.

# CAPÍTULO 14
# A construção de comunidades

Nos últimos anos, a construção de comunidades tem emergido como uma estratégia empresarial eficaz, impulsionando o engajamento de grupos diversos, como clientes, parceiros, alunos, consumidores, empreendedores e investidores. Essa abordagem fortalece laços entre marcas e associados, criando não apenas clientes, mas também entusiastas fervorosos.

Exemplos notáveis, como Apple, Harley-Davidson, Amazon, Sephora, LEGO e GoPro, além de histórias inspiradoras, como a da Bossanova Investimentos no Brasil, deixam evidente por que você deve adotar essa abordagem visionária em sua empresa.

## A CONSTRUÇÃO DE COMUNIDADES: A BASE DO ENGAJAMENTO

Comunidades representam espaços onde indivíduos com interesses compartilhados se reúnem para trocar experiências, ideias, desafios e conhecimento. Essas comunidades podem se formar em torno de interesses, produtos, serviços ou valores em comum.

## EXEMPLOS DE COMUNIDADES DE SUCESSO

A Apple criou uma plataforma na qual os fãs podem discutir produtos, compartilhar dicas e obter suporte. Isso resultou em um aumento notável da lealdade à marca. Já a Amazon desenvolveu uma comunidade de *sellers*, que fortaleceu a colaboração e o suporte entre vendedores. Por sua vez, a Harley-Davidson estabeleceu o Harley Owners Group® (HOG), para que proprietários de motocicletas se conectem, compartilhem experiências e participem de eventos especiais.

A LEGO tem uma comunidade de fãs muito ativa chamada LEGO User Group (LUG), pela qual os fãs se reúnem regularmente para compartilhar criações, trocar ideias e organizar exposições. Na GoPro Family, reúnem-se fãs dos produtos de câmera de ação da marca, e os usuários compartilham vídeos e fotos. Por fim, a Beauty Insider Community, da Sephora, permite que os fãs da marca se conectem, troquem dicas de beleza, avaliem produtos e compartilhem experiências.

### OS BENEFÍCIOS DE CONSTRUIR COMUNIDADES DE CLIENTES

Além do reforço da lealdade, as comunidades oferecem diversas vantagens, pois se convertem em espaços onde os participantes se tornam embaixadores voluntários, promovendo sinergia entre eles de maneira afetuosa e influente. Ainda, tornam-se plataformas para coleta de feedback direto, o que permite melhorias contínuas e um ajuste preciso às demandas de seu público-alvo.

### O EXEMPLO DA BOSSANOVA INVESTIMENTOS NO BRASIL

Um exemplo notável que evidencia os benefícios da construção de comunidades no Brasil é a Bossanova Investimentos. A empresa estruturou uma comunidade composta de empreendedores fundadores das startups que recebem investimentos de *venture capital*. Essa rede não somente interliga os empreendedores como também serve de base para a gestão de portfólio da empresa, promovendo eventos, treinamentos, mentorias e benefícios exclusivos para os participantes.

### Os resultados concretos e o impacto da comunidade Rede Bossa

No primeiro semestre de 2023, a comunidade de empreendedores da Bossanova Investimentos experimentou crescimento médio de 31,26% em startups, com destaque para verticais como adtechs, ESG, lawtechs, agtechs e logtechs. A rede emprega mais de 4.900 colaboradores e gerou quase 300 milhões de reais em receitas nesse período. A empresa também investiu em mais de quarenta novas startups, incluindo grandes aportes nas startups HubLocal, Beonly e INCO. O registro de treze *exits* realça a vitalidade desse ecossistema.

## A sinergia da comunidade

A Bossanova mostra como uma comunidade pode efetivamente transformar resultados. A rede impulsionou o crescimento das startups por meio de ideias e suporte compartilhados, além de fortalecer o ecossistema empreendedor de maneira mais ampla, encorajando colaboração, compartilhamento de conhecimento e experiências, bem como aprendizado coletivo e solução colaborativa de desafios, o que possibilita criar valor conjuntamente.

## O modelo do jogo infinito

A Bossanova desenvolve um modelo único de investimento, combinando um ecossistema abrangente com comunidades internas robustas e resultados consistentes. Essa abordagem coloca a companhia em uma posição de destaque no mercado de *venture capital*. Afinal, ela investe não apenas capital, mas também experiência e recursos para promover o crescimento sustentável dos parceiros nas comunidades que administra.

Essa sinergia entre investimento financeiro e apoio operacional tem sido uma parte vital do sucesso da Bossanova, o que demonstra como a construção de comunidades pode transformar empresas individuais e ecossistemas inteiros.

## O OLHAR PARA O FUTURO COM AS COMUNIDADES

Os exemplos da Bossanova e das outras marcas mencionadas destacam que a construção de comunidades não é uma mera estratégia de curto prazo, e sim um investimento no futuro. Empresas que se dedicam a nutrir relações genuínas com os associados colhem lucros crescentes, além de uma base sólida de defensores da marca. Ao promover a participação ativa e proporcionar um ambiente de colaboração, sua empresa pode sustentar o crescimento, a inovação e a satisfação de maneira notável.

Comunidades não são meros espaços virtuais, são incubadoras de engajamento, inovação e sucesso no longo prazo. A construção de comunidades transcende uma simples interação, porque estabelece ligações emocionais, conectando associados e defensores ardentes.

**PARA REFLETIR**

No mundo cada vez mais exigente dos negócios, muitos se orgulham de considerar a experiência como um parâmetro de competência ou como um troféu: "Dez anos na área" ou "Dez mil milhas rodadas". Esse tipo de afirmação parece sugerir que essa pessoa é superior a alguém que ainda está dando os primeiros passos. Aliás, isso faz sentido, não? Porém, desafio você a se dedicar a uma nova reflexão: será que essa "experiência" é realmente um sinal de evolução?

A verdade é que a maioria das pessoas não está aumentando o próprio nível de consciência e habilidade, e sim medindo uma quantidade de tempo que passa no nível de habilidade atual. Será que essa experiência está mesmo nos levando adiante?

Não me entenda mal. A experiência tem, sim, valor. Ela é capaz de colocar você à frente dos que ainda conhecem as coisas apenas na teoria e fornecer uma cartilha de como o jogo realmente funciona. Tenho certeza de que você conhece esta frase: "Seja o melhor naquilo que já faz". No entanto, isso não é tudo. O alerta que quero dar aqui é que ter experiência não é uma garantia nem um sinônimo de evolução. Não se gabe só por sua experiência.

É possível que alguém esteja, de fato, em um círculo vicioso, revivendo o primeiro ano de aprendizado durante uma década. Logo, dez anos de "experiência" podem, na realidade, representar apenas um ano de habilidade real, porém repetido várias vezes. Imagine um pianista tocando a mesma melodia incessantemente por dez anos. Após esse tempo, é óbvio que ele executará aquela música com uma precisão imaculada. Mas e o vasto universo musical que deixou de explorar? E quanto ao repertório que ele poderia ter aprendido ou às técnicas avançadas que poderia ter adquirido?

No mercado de trabalho, essa complacência pode ser ainda mais prejudicial. Reiterar habilidades básicas pode garantir um salário confortável e acomodado, mas não significa dizer que fará você ficar "rico", nem financeira nem intelectualmente.

A solução para esse impasse é trabalhar de modo inteligente e empreendedor. Em vez de repetir as mesmas tarefas dia após dia, busque expandir constantemente suas habilidades e seus conhecimentos. A aprendizagem contínua e a adaptação são chaves para o sucesso em qualquer área.

Então, convido você a desvendar e se questionar regularmente:

- 💡 Estou realmente melhorando?
- 💡 Estou aprendendo algo novo?
- 💡 Ainda estou evoluindo?
- 💡 Estou aprendendo coisas que não sabia ou apenas repetindo o que já sei?

Encarar essas respostas de maneira honesta pode ser um choque, mas é por meio desse despertar que você pode traçar o caminho para uma carreira e uma vida verdadeiramente impactantes e prósperas.

# CAPÍTULO 15

# A tecnologia e a inovação: ferramentas para evitar pontos cegos

# CAPÍTULO 5

# A tecnologia e a inovação: ferramentas para evitar pontos cegos

A importância da tecnologia no monitoramento e na análise de negócios não deve ser subestimada. No mundo empresarial atual, o uso de ferramentas tecnológicas para monitorar e analisar o desempenho pode ser o diferencial entre seu sucesso e seu fracasso.

Considerando principalmente o dia a dia repleto de atividades e compromissos, nunca se esqueça de que automatizar processos e utilizar as inteligências a seu favor garante maior precisão e evita erros que podem custar caro. Métricas nunca são demais. Quanto mais dados e informações você tiver, maior será sua visão do negócio e melhores serão suas decisões – simples assim.

Lideranças de empresas que adotam essas tecnologias são capazes de identificar pontos cegos com mais facilidade. Áreas em que essas práticas não são aplicadas podem gerar decisões mal calculadas e perigosas que podem comprometer o projeto como um todo.

Imagine que, em uma empresa de médio porte, as áreas e os profissionais não conversem entre si como deveriam e que o compartilhamento de informações estratégicas ou até mesmo resultados para fundamentar as tomadas de decisão não seja um hábito. Em um negócio assim, é fácil o time de Marketing focar ações em um único público ou executar ações que não gerarão os resultados esperados. Se a equipe de vendas não tem fácil acesso às métricas ou não sabe quais produtos e serviços devem performar melhor, não preciso nem dizer o que vai acontecer, não é?

Independentemente do tamanho de sua empresa, quanto mais os sistemas e os processos forem interligados, maiores serão as chances de sucesso de seu negócio. Aprender a identificar rapidamente um ponto cego interfere proporcionalmente em seus resultados, tanto imediatos quanto de longo prazo.

Para PMEs, então, a adoção de ferramentas tecnológicas é ainda mais vital, devido aos recursos limitados de que elas dispõem.

## COMO FAZER DIFERENTE COM TECNOLOGIA

A tecnologia pode ser uma poderosa aliada na transformação e no crescimento de seu negócio. Veja como:

- Automação de processos: utilize a automação para melhorar a eficiência e reduzir os custos operacionais. Ferramentas de automação de marketing, gestão de relacionamento com o cliente (CRM) e planejamento de recursos empresariais (ERP) ajudam a simplificar processos e melhorar a produtividade de seu negócio.
- Análise avançada de dados: implemente tecnologias de análise de dados para obter insights valiosos sobre o comportamento dos consumidores e as tendências do mercado. Isso permite que você tome decisões mais bem-informadas e estratégicas.
- Inovação tecnológica: invista em novas tecnologias que possam melhorar seus produtos ou serviços. Isso inclui a adoção de soluções baseadas em inteligência artificial, blockchain e outras inovações que podem proporcionar vantagem competitiva.

## AS FERRAMENTAS TECNOLÓGICAS ESSENCIAIS PARA PEQUENAS E MÉDIAS EMPRESAS

Softwares de gestão empresarial, como sistemas de planejamento de recursos empresariais, permitem que pequenas e médias empresas integrem várias funções de negócios em uma única plataforma. Isso facilita a gestão e a coordenação de suas equipes e seus projetos.

Ferramentas de análise de dados, como o Microsoft Power BI, ajudam a transformar dados brutos em insights acionáveis, viabilizando decisões baseadas em dados concretos. Já sistemas de gestão de relacionamento com o cliente, como o Salesforce, são essenciais para gerenciar relacionamentos com clientes, rastrear interações e identificar boas oportunidades de venda.

## EXEMPLOS DE COMO A TECNOLOGIA PODE AJUDAR A IDENTIFICAR E SUPERAR PONTOS CEGOS

A tecnologia tem sido uma aliada poderosa de muitas empresas na identificação e na superação dos pontos cegos empresariais. O Microsoft Power BI, por exemplo, possibilita que sua empresa visualize grandes volumes de dados de maneira clara e compreensível, para identificar tendências e padrões talvez não óbvios à primeira vista.

Do mesmo modo, com o Salesforce você pode aperfeiçoar o relacionamento com os clientes ao rastrear todas as interações e obter uma visão completa do ciclo de vida deles na marca. Isso permite perceber problemas e oportunidades de melhoria rapidamente, mantendo seus clientes satisfeitos e leais.

## CAPÍTULO 16
# A permanência no jogo

No mundo empresarial, os conceitos de jogos finitos e infinitos foram popularizados por Simon Sinek no livro *O jogo infinito*.[14] Jogos finitos, como futebol e xadrez, têm regras claras, um número definido de jogadores e um objetivo específico: vencer. Já os jogos infinitos não têm regras fixas, o número de jogadores pode variar, e o objetivo não é ganhar, e sim perpetuar o jogo. No contexto dos negócios, adotar uma mentalidade de jogo infinito significa focar estratégias de longo prazo e sustentabilidade em vez de apenas visar a vitórias imediatas.

Empresas que adotam a mentalidade de jogo infinito entendem que a concorrência não é o único fator a considerar. Em vez disso, elas se concentram em se manter relevantes, inovar continuamente e criar valor duradouro para todas as partes interessadas, o que inclui os clientes, os funcionários, os acionistas e a comunidade em geral. **O objetivo não é derrotar os concorrentes, e sim permanecer no jogo e crescer de maneira sustentável.**

## A IMPORTÂNCIA DA VISÃO DE LONGO PRAZO

A visão de longo prazo é essencial para o sucesso em um jogo infinito. Quando você se concentra apenas em ter ganhos de curto prazo, pode até alcançar sucesso momentâneo, mas corre o risco de ver sua empresa se tornar irrelevante ou obsoleta com o tempo. Por outro lado, ter uma visão de longo prazo permite que você invista em inovação, desenvolvimento de talentos e construção de relacionamentos fortes com clientes

---

14. SINEK, S. **O jogo infinito**. Rio de Janeiro: Sextante, 2020.

e parceiros. Isso cria uma base sólida para o desenvolvimento contínuo e a resiliência em tempos de crise.

Priorizar o longo prazo também envolve aplicar uma abordagem proativa à gestão de riscos. Se sua empresa tem uma visão futura, naturalmente está mais preparada para enfrentar desafios inesperados, como crises econômicas ou mudanças tecnológicas. Quando você desenvolve estratégias de contingência e se adapta rapidamente às novas realidades do mercado, garante a sobrevivência e o sucesso contínuo de seu negócio.

### AS ESTRATÉGIAS PARA SE PERPETUAR NO MERCADO

Desenvolver uma visão ampla de mercado e manter relacionamentos consistentes com stakeholders são elementos cruciais para se perpetuar no mercado. À frente de sua empresa, você deve buscar entender as necessidades e as expectativas de clientes, funcionários, fornecedores e comunidades. Isso envolve manter uma comunicação aberta e contínua, além de firmar um compromisso com a transparência e a responsabilidade social, seguindo atento às tendências e às mudanças no comportamento dos consumidores, bem como às inovações tecnológicas que podem impactar seu setor. Ferramentas de análise de dados e pesquisas de mercado podem ajudar você a identificar oportunidades e ameaças e, em seguida, efetuar um ajuste proativo nas estratégias de sua empresa.

Dedique-se a desenvolver relacionamentos de longo prazo com todas as partes interessadas. Para isso, forneça um excelente atendimento ao cliente, crie um ambiente de trabalho positivo e colabore estreitamente com seus fornecedores e parceiros. Essas conexões são a base para construir confiança e lealdade, essenciais para o sucesso perene de seu negócio.

Ainda, sua empresa deve integrar práticas sustentáveis em todas as operações. Reduza o impacto ambiental gerado por sua produção, promova a responsabilidade social e apoie comunidades locais. **Quando a empresa se compromete com a sustentabilidade, melhora a reputação diante do mercado e atrai clientes e talentos que valorizam essas iniciativas.**

## EXEMPLOS DE EMPRESAS COM MENTALIDADE DE JOGO INFINITO

A Apple é um exemplo claro de empresa com mentalidade de jogo infinito. Desde o início, a marca tem focado a inovação contínua e a criação de produtos que definem tendências, se concentrando não apenas em vender dispositivos, mas também em construir um ecossistema completo que inclui serviços como Apple Music, Apple TV+ e iCloud. Essa abordagem garante que a companhia permaneça relevante e siga crescendo.

À frente da Amazon, Jeff Bezos sempre enfatizou a importância de pensar no longo prazo. A companhia começou como uma livraria on-line e rapidamente expandiu para se tornar uma das maiores empresas de comércio eletrônico do mundo, além de liderar áreas como computação em nuvem, com o AWS. A visão futura de Bezos permitiu que a Amazon continuasse a inovar e a diversificar as operações, mantendo-se competitiva em diversos setores.

A Patagonia é um bom exemplo de empresa que integra a sustentabilidade na estratégia de longo prazo. Ela fabrica produtos de alta qualidade e se compromete com práticas ambientais responsáveis, como o uso de materiais reciclados e a doação de parte dos lucros para causas ambientais. Esse compromisso com a sustentabilidade atrai clientes leais que compartilham desses valores, garantindo o sucesso contínuo da marca.

Adotar a mentalidade de jogo infinito é crucial se você deseja que sua empresa pare de apenas sobreviver e passe a prosperar em um mercado em constante mudança. Para se perpetuar no mercado, é preciso focar o longo prazo, manter relacionamentos consistentes com stakeholders e integrar práticas sustentáveis.

Empresas que desenvolvem uma visão ampla e adaptável, como Apple, Amazon e Patagonia, garantem o sucesso contínuo enquanto moldam o futuro das indústrias. A capacidade de pensar além das vitórias imediatas e se concentrar na criação de valor duradouro é o que diferencia os líderes de mercado e assegura a relevância deles.

**PARA REFLETIR**

Quantas vezes você sentiu a amarga sensação de que seu esforço por aqueles ao redor passava despercebido ou não era devidamente valorizado ou recompensado? Quantas vezes se sentiu até "explorado" por sua generosidade ou por ser excessivamente complacente? Já se sentiu pressionado a pagar uma "dívida de gratidão"?

Pode parecer dramático e até romântico considerar essas questões e as respostas a elas, porém a invisibilidade e o peso de algumas situações são uma realidade e um problema para muitos. Quero aprofundar esse assunto para tentar ajudar você e esclarecer alguns pontos.

Várias vezes, seu desprendimento e seu esforço não são reconhecidos nem recompensados como deveriam. Isso acontece não só pelo sentimento de ingratidão dos outros, mas também por uma lei sistêmica conhecida como equilíbrio de troca, a qual estipula que, quando você oferece mais do que recebe, cria um desequilíbrio em suas relações.

E eu descobri que o perigo reside na **rotina**. Um constante gesto de generosidade, doação ou apoio, se repetido inúmeras vezes e sem a comunicação adequada, pode deixar de ser percebido como uma ação e um gesto nobre e passar a ser uma mera expectativa ou até uma obrigação. O que era uma gratidão sincera, aquela que aquece o coração, se transforma em uma dependência tóxica.

Quando, por alguma razão, você decide não mais ajudar ou estender a mão, o ressentimento da pessoa a ser ajudada aparece como um vulcão adormecido. Afinal, inconscientemente, foi você quem alimentou essa dependência, essa expectativa, esse "vício" de sempre estar à disposição, sempre pronto a auxiliar.

A pergunta que surge, então, é: como se proteger dessas expectativas excessivas? A chave está no autoconhecimento. Reconhecendo seus próprios limites, você determina até onde pode ir sem se esgotar. Não se trata de parar de ajudar, e sim de ajudar com consciência.

O outro ponto é a comunicação. Estabeleça limites saudáveis, indicando que sua ajuda tem um propósito e uma intenção, mas não é um cheque em branco, sem limites. A honra, a generosidade e a gratidão são gestos e qualidades admiráveis que devem ser cultivados. No entanto, como tudo na vida, é necessário ter equilíbrio. Não é egoísmo; é autopreservação!

Em outra perspectiva, apresento uma tese audaciosa que desafia a noção popular: a gratidão tem, sim, prazo de validade. Quando ela é transformada em uma obrigação contínua ou eterna, perde essência e pode virar um fardo. Você precisa ter cuidado para que o lindo sentimento de gratidão não se transforme em uma sensação de dívida impagável que o faz se sentir obrigado perpetuamente por um ato de bondade recebido.

Para preservar a gratidão genuína mais pura, é válido estabelecer um "prazo de validade" para essa "dívida", especialmente quando ela é cobrada de alguma forma. Não significa esquecer o ato de bondade, um favor recebido ou ser ingrato, e sim reconhecer que a verdadeira gratidão não deve ser uma carga perpétua. Agradeça, valorize, retribua, pague e honre, mas *se*, em algum momento, sentir que essa dívida de gratidão está se tornando pesada demais, é hora de dialogar, esclarecer, agradecer, pedir perdão e estabelecer seus próprios limites. Nenhum sentimento, por mais positivo que pareça, deve se tornar uma corrente que aprisiona você, mesmo que mentalmente.

Quero deixar claro que não estou distorcendo a verdadeira natureza da gratidão nem afirmando que ela deve se transformar em uma constante sensação de dívida e que cada ato de bondade recebido deve ser pago como se fosse uma transação comercial, uma contabilidade de débitos e créditos.

    Estou afirmando que a verdadeira gratidão deve ser leve e libertadora, sem cobranças ou imposições de nenhum dos lados, inclusive mentais. Por isso, em todos os relacionamentos, a clareza e a transparência devem existir para manter a harmonia das conexões humanas. Expressar suas intenções, suas angústias, suas preocupações e seus limites é essencial para alinhar as expectativas e permitir que as relações permaneçam saudáveis, equilibradas e duradouras.

**TER EXPERIÊNCIA NÃO É UMA GARANTIA NEM UM SINÔNIMO DE EVOLUÇÃO.**

@joaokepler

# CAPÍTULO 17
# O planejamento estratégico de longo prazo

# CAPÍTULO 17

# O planejamento estratégico de longo prazo

O planejamento estratégico de longo prazo é crucial para o sucesso e a sustentabilidade das empresas. Assim, desenvolver visão e missão claras, definir objetivos inspiradores e utilizar técnicas de planejamento eficazes são passos essenciais para garantir que sua empresa esteja preparada para o futuro.

## O DESENVOLVIMENTO DE UMA VISÃO E UMA MISSÃO PARA O FUTURO

A visão e a missão de sua empresa são os pilares que guiam as operações e as decisões. A visão deve ser inspiradora e definir a direção geral da companhia, enquanto a missão deve descrever o propósito e os valores fundamentais que orientam as operações diárias.

Ter uma visão e uma missão claras ajuda a alinhar as metas de sua empresa aos valores e aos objetivos de longo prazo estabelecidos, criando um sentido de propósito e direção para todos os membros de sua organização.

## AS TÉCNICAS DE PLANEJAMENTO ESTRATÉGICO EFICAZ

Para implementar um planejamento estratégico eficaz, você pode utilizar várias técnicas. A análise de forças, fraquezas, oportunidades e ameaças (SWOT, do inglês *Strengths, Weaknesses, Opportunities, Threats*) é uma ferramenta poderosa para entender melhor o ambiente interno e externo de sua empresa. Nesse sentido, a análise de cenário envolve o desenvolvimento de contextos futuros possíveis e o planejamento de estratégias para cada um deles, o que ajuda sua empresa a se preparar para diferentes contingências.

O mapeamento de stakeholders é outra técnica importante, pois permite que você identifique e analise as partes interessadas para entender as necessidades e as expectativas delas, garantindo que a estratégia de sua empresa esteja alinhada com esses dados.

## AS ETAPAS PARA IR DO PONTO A PARA O PONTO B

A seguir estão listadas as etapas para que você saia do ponto A (situação atual) e chegue ao ponto B (situação desejada).

- Avaliação inicial: comece fazendo uma avaliação completa da situação atual de sua empresa. Isso inclui analisar as operações, as finanças, os recursos humanos, o marketing e outras áreas-chave. Identifique os pontos fortes e os fracos, bem como as oportunidades e as ameaças.
- Definição de metas: com base na avaliação inicial, defina metas claras e alcançáveis, que devem servir como um guia para todas as ações futuras. Para isso, você pode usar o conceito SMART (do inglês, *Specific, Measurable, Achievable, Realistic, Timely*), que representa cinco critérios fundamentais de uma meta: específica, mensurável, atingível, realista e temporal.[15]
- Desenvolvimento do plano de ação: crie um plano de ação detalhado que inclua todas as etapas necessárias para atingir as metas já definidas. Esse plano deve especificar as ações a serem tomadas, os recursos necessários para executá-las, os responsáveis por cada ação e os prazos para conclusão.

---

[15] O QUE é meta SMART e como definir em sua empresa. **Sebrae**, 24 jan. 2023. Disponível em: https://sebrae.com.br/sites/PortalSebrae/artigos/o-que-e-meta-smart-e-como-definir-em-sua-empresa,fd5cd6387eab5810VgnVCM1000001b00320aRCRD. Acesso em: 9 set. 2024.

- 💡 Execução e monitoramento: implemente o plano de ação e monitore o progresso regularmente. Utilize indicadores de desempenho (KPIs, do inglês *Key Performance Indicators*) para medir o progresso em direção à conclusão das metas. Ajuste o plano conforme necessário para garantir que sua empresa permaneça no caminho certo.
- 💡 Avaliação e ajuste: periodicamente, revise o progresso e avalie os resultados alcançados. Faça ajustes no plano de ação com base no feedback e nos dados coletados. Esse processo de avaliação e ajuste contínuo é crucial.

## EXEMPLO DE EMPRESA QUE IMPLEMENTOU PLANEJAMENTOS DE LONGO PRAZO COM SUCESSO

A Tesla é um exemplo de empresa que desenvolveu uma visão de longo prazo focada em energia sustentável e expansão global. A empresa tem investido consistentemente em pesquisa e desenvolvimento para criar veículos elétricos inovadores.

# CAPÍTULO 18

# A chave do sucesso no Método JK

Meu maior objetivo é que você transforme os ensinamentos deste livro em ações práticas, o que requer um método estruturado e focado. Por isso, apresento o Método JK. Assim como em todos os capítulos anteriores, minha ideia é transmitir o conhecimento de maneira didática, direta e, principalmente, aplicável.

Pouco adianta eu apresentar fórmulas ou processos complexos e com nomes gourmetizados se, ao final, você não entender o que precisa fazer nem conseguir aplicar todos os conceitos à sua realidade. Digo isso porque todos os dias converso com empresários e escuto atentamente os principais desafios que eles enfrentam, então conheço a fundo as dores de quem está à frente de um negócio.

Sendo assim, de modo direto e sem rodeios, uma vez que internalize os ensinamentos e as dicas do Método JK, você conseguirá sair de seu atual momento e avançar rumo ao topo, alcançando tudo o que deseja.

Note, ainda, que todo o conteúdo e a contextualização apresentados nesta obra serviram para preparar você até aqui e, conscientemente, fazê-lo compreender como aplicar os ensinamentos em sua empresa. Por isso, quero retomar alguns tópicos já apresentados, para ajudá-lo a colocar a mão na massa ao impulsionar ideias e ações práticas a partir de agora.

| | |
|---|---|
| **ENCONTRO DO CAMINHO DO MEIO** | ☐ Definição de valores fundamentais<br>☐ Metas realistas<br>☐ Cultura de bem-estar |
| **DESENVOLVIMENTO DA VISÃO DE DRONE** | ☐ Análise de dados<br>☐ Feedback contínuo<br>☐ Planejamento estratégico<br>☐ Inovação e experimentação |
| **DESTRAVAMENTO DO MINDSET** | ☐ Educação e treinamento contínuos<br>☐ Mentalidade de aprendizado<br>☐ Flexibilidade e adaptabilidade |
| **DEFINIÇÃO DA MENTALIDADE INVESTIDORA** | ☐ Desenvolvimento de uma visão de longo prazo<br>☐ Diversificação de investimentos<br>☐ Análise cuidadosa e tomada de decisões bem-informadas<br>☐ Foco em geração de valor<br>☐ Construção de um ecossistema de apoio |
| **ELEVAÇÃO DO NÍVEL DE CONSCIÊNCIA EMPRESARIAL** | ☐ Consciência operacional<br>☐ Consciência estratégica<br>☐ Consciência de sustentabilidade |
| **MONITORAMENTO DA ESTABILIDADE DO NEGÓCIO** | ☐ Gestão financeira consistente<br>☐ Diversificação de riscos<br>☐ Relatórios e monitoramento |

| **DEFINIÇÃO DA CULTURA ORGANIZACIONAL E ENGAJAMENTO** | ▪ Programas de reconhecimento<br>▪ Oportunidades de crescimento profissional |
|---|---|
| **CONSTRUÇÃO DE COMUNIDADES COMO ESTRATÉGIA EMPRESARIAL** | ▪ Networking<br>▪ Participação em eventos<br>▪ Conexão verdadeira com outros empresários<br>▪ Diferença concreta em seu nicho de atuação e no mercado como um todo |
| **DIFERENCIAÇÃO COM TECNOLOGIA** | ▪ Automação de processos<br>▪ Análise avançada de dados<br>▪ Inovação tecnológica |
| **APLICAÇÃO DO JOGO INFINITO** | ▪ Desenvolvimento de uma visão ampla de mercado<br>▪ Relacionamentos consistentes com stakeholders<br>▪ Foco em sustentabilidade e responsabilidade social |
| **ETAPAS PARA IR DO PONTO A PARA O PONTO B** | ▪ Avaliação inicial<br>▪ Definição de metas<br>▪ Desenvolvimento de plano de ação<br>▪ Execução e monitoramento<br>▪ Avaliação e ajuste |

Aplicar os ensinamentos deste livro na prática requer um método estruturado e focado. Ao seguir as etapas para ir do ponto A para o ponto B, desenvolver uma visão de drone, encontrar o caminho do meio, garantir a estabilidade do negócio, destravar seu mindset, elevar o nível de consciência empresarial e fazer uso eficaz da tecnologia, você pode alcançar o sucesso sustentável e moldar um futuro próspero em qualquer negócio que se propuser a fazer.

Tenha em mente que os ensinamentos deste livro podem gerar uma série de impactos positivos e significativos para sua empresa. Listo a seguir os resultados esperados após a aplicação dos ensinamentos e do Método JK:

- Identificação e mitigação de pontos cegos: ao desenvolver uma visão de drone e implementar uma cultura de feedback contínuo, sua empresa estará mais bem posicionada para identificar e mitigar pontos cegos. Assim, você poderá tomar decisões mais bem-informadas e evitar armadilhas capazes de comprometer o crescimento e a sustentabilidade de seu negócio.
- Inovação sustentável: com a adoção de práticas de inovação contínua e a disposição de desafiar o *statu quo*, sua empresa poderá desenvolver novos produtos e serviços que atendam às necessidades emergentes do mercado. Isso não só aumentará sua competitividade, mas também promoverá um crescimento sustentável no longo prazo.
- Cultura organizacional positiva: implementar estratégias para equilibrar a alta performance com o bem-estar dos funcionários ajudará a criar uma cultura organizacional positiva. O resultado será maior satisfação e retenção de seus funcionários, além de uma produtividade melhorada.
- Crescimento e resiliência: ao adotar uma mentalidade de jogo infinito e focar investimentos estratégicos, sua empresa estará mais bem preparada para enfrentar

desafios e crises. Isso aumentará a resiliência e permitirá um crescimento contínuo e sustentável.

- 💡 Impacto positivo e sustentabilidade: integrar práticas de sustentabilidade e responsabilidade social nas operações diárias fortalecerá a reputação de sua empresa e atrairá clientes e talentos que valorizam essas iniciativas. Tal postura contribui para gerar um impacto positivo na comunidade e no meio ambiente.

Com dedicação e uma abordagem estratégica, você pode transformar todos esses ensinamentos em ações concretas que impulsionem o crescimento e a inovação de sua empresa.

## CAPÍTULO 19

# A força da ação para transformar objetivos em realidade

# CAPÍTULO 19

## A força da ação para transformar objetivos em realidade

Em um mundo empresarial marcado por mudanças rápidas e constantes desafios, manter-se fiel aos próprios valores é essencial para alcançar a sustentabilidade e o sucesso no longo prazo. Os valores são os alicerces pessoais sobre os quais uma empresa é construída e atuam como uma bússola moral, orientando decisões e ações. Eles definem a identidade da empresa e influenciam a cultura, o comportamento e o relacionamento dela com todas as partes interessadas; ou seja, a pessoa que está por trás de uma empresa é quem dita a cultura, as ações e o posicionamento perante o mercado.

Por mais que tenhamos abordado aqui estratégias, números, ferramentas e decisões, **nunca é demais lembrar que empresas são feitas de pessoas e para pessoas**.

Ao se manter fiel a seus valores fundamentais e inegociáveis, a empresa cria uma base sólida de confiança e credibilidade com clientes, funcionários e parceiros. Isso fortalece a lealdade e o compromisso, bem como ajuda a diferenciar sua empresa em um mercado tão competitivo. Negócios que operam com integridade e consistência nos próprios valores atraem talentos que compartilham desses princípios e constroem uma reputação positiva que pode resistir até aos desafios mais complexos.

## A CAPACIDADE DE FAZER INVESTIMENTOS ESTRATÉGICOS

A capacidade de fazer investimentos estratégicos é crucial para o crescimento e a inovação contínua. Investimentos estratégicos são aqueles que não apenas visam aos retornos financeiros imediatos, mas também se alinham com a visão e os objetivos de longo prazo da empresa.

Essas aplicações podem incluir o desenvolvimento de novos produtos ou serviços, a expansão para novos mercados, a aquisição de tecnologias emergentes e a melhoria de processos operacionais, por exemplo.

Investir estrategicamente requer uma mentalidade futura e uma disposição para assumir riscos calculados, o que envolve uma análise cuidadosa das oportunidades e uma avaliação dos riscos e dos benefícios potenciais. Empresas que investem de modo estratégico são capazes de se adaptar rapidamente às mudanças do mercado, explorar novas oportunidades de crescimento e manter uma vantagem competitiva. Além disso, investimentos podem fortalecer a posição de sua empresa, aumentar a resiliência e criar um impacto positivo duradouro em todos os envolvidos.

### EXEMPLOS DE SUCESSO E INSPIRAÇÃO

A Starbucks é um exemplo de empresa que se manteve fiel aos próprios valores e fez investimentos estratégicos para impulsionar o próprio crescimento. Desde o início, focou a qualidade dos produtos, a experiência do cliente e a responsabilidade social. A companhia investiu em práticas de comércio justo, sustentabilidade e inovação, como o desenvolvimento de novos produtos e a expansão para novos mercados. Esses investimentos estratégicos ajudaram a Starbucks a se tornar uma marca global e a construir uma base de clientes leais.

Sob a liderança de Satya Nadella, a Microsoft passou por uma transformação significativa, mantendo-se fiel aos próprios valores de inovação e inclusão. Nadella priorizou investimentos estratégicos na computação em nuvem com o Microsoft Azure, inteligência artificial e tecnologias de colaboração, como o Microsoft Teams. Esses investimentos não só impulsionaram o crescimento da empresa como também posicionaram a Microsoft como líder em várias áreas tecnológicas.

A Unilever é conhecida pelo compromisso com a sustentabilidade e a responsabilidade social. A empresa fez investimentos estratégicos em práticas sustentáveis, como a redução do uso de plástico, o desenvolvimento de produtos ecologicamente corretos e a promoção de iniciativas sociais. Essas ações se alinham com os valores da Unilever e têm ajudado a empresa a construir uma reputação positiva e atrair consumidores mais conscientes.

## A SUPERAÇÃO DE DESAFIOS PARA MANTER A MOTIVAÇÃO

A implementação de novas estratégias e práticas pode ser desafiadora, então é essencial que você mantenha a motivação e o foco nos objetivos de longo prazo. Aqui estão algumas dicas para você superar desafios e se manter motivado:

- 💡 Estabeleça metas claras: defina metas claras e alcançáveis, que estejam alinhadas com a visão e os valores de sua empresa. Metas bem-definidas proporcionam um senso de direção e propósito, o que ajuda a manter o foco e a motivação.
- 💡 Celebre pequenas conquistas: reconheça e celebre as pequenas conquistas ao longo do caminho. Isso mantém seu moral elevado e a motivação para continuar avançando.
- 💡 Mantenha uma mentalidade positiva: adote uma mentalidade positiva e resiliente, na qual veja os desafios como oportunidades de aprendizado e crescimento. Mantenha-se aberto a novas ideias e abordagens e esteja disposto a ajustar suas estratégias conforme necessário.
- 💡 Busque apoio e feedback: envolva sua equipe e outras partes interessadas no processo de implementação. Busque feedback e apoio para garantir que todos

estejam alinhados e comprometidos com os mesmos objetivos que você.
- Aprenda com os erros: veja os erros como oportunidades de aprendizado e crescimento. Analise o que deu errado, ajuste suas estratégias e continue avançando com uma abordagem aprimorada.

Manter-se fiel aos próprios valores e fazer investimentos estratégicos são elementos cruciais para o sucesso sustentável e o crescimento de longo prazo. Empresas que adotam essas práticas constroem uma base sólida de confiança e credibilidade, atraem talentos e formam uma reputação positiva. Exemplos de sucesso mostram que é possível alcançar resultados significativos ao alinhar investimentos com valores fundamentais.

Ao superar desafios e se manter motivado, você pode transformar os ensinamentos deste livro em ações práticas que impulsionem o crescimento e a inovação de sua empresa. Com dedicação, visão de longo prazo e uma abordagem estratégica, é possível alcançar o sucesso contínuo e moldar um futuro próspero para sua empresa.

### PARA REFLETIR

Em um mundo onde somos constantemente avaliados pelo que produzimos ou pelo que aparentamos ser, uma frase nos lembra da importância de entender o "porquê" de nossas escolhas, pois é ele que define a autenticidade de nossas ações: "**A razão pela qual fazemos as coisas é mais importante do que as coisas que fazemos**".

Quando nossas ações estão alinhadas com nossos valores e nossas crenças, elas se tornam mais autênticas e fazem que exista uma razão para aquela ação ser executada. Por exemplo, uma pessoa que decide fazer um trabalho voluntário. Se a razão dessa escolha for apenas tirar uma foto e postar nas redes sociais, a ação que seria "voluntária" perde o valor genuíno. Por outro lado, se a pessoa faz isso movida por uma verdadeira vontade de ajudar, de servir, a ação se torna muito mais significativa em todos os sentidos.

A realização pessoal está não só em concluir uma tarefa, mas também em saber que a fez por um motivo que tem significado para você. Pense em um artista que cria uma obra. Se ele faz isso só por dinheiro, pode até obter sucesso financeiro, mas talvez não sinta a mesma satisfação que existiria se estivesse expressando sua verdadeira paixão ou a mensagem que gostaria de transmitir.

Ações motivadas por razões profundas e sinceras tendem a ter um impacto mais duradouro na vida das pessoas. Imagine um professor dedicado. Se ele ensina apenas porque é o trabalho dele, os resultados que alcança podem ser superficiais, e os alunos podem não aprender o conteúdo ensinado. No entanto, se ele ensina porque acredita no que está transmitindo e no potencial de cada aluno e quer fazer a diferença na vida deles, o impacto das aulas vai muito além do conteúdo didático.

Desvendar a razão por trás de nossas ações nos desafia a buscarmos um sentido para a vida, um propósito mais profundo em tudo que fazemos. Não se trata apenas de "o que" fazemos, mas de "por que" fazemos aquilo. Ao entender essa perspectiva, tanto enriquecemos nossa vida com ações mais significativas quanto inspiramos aqueles ao redor a fazerem o mesmo.

**Entenda a razão pela qual você faz as coisas.**

CAPÍTULO 20

# Um incentivo final

A jornada para transformar sua empresa e alcançar o sucesso duradouro pode ser desafiadora, mas também é repleta de oportunidades. Lembre-se de que o caminho não é linear, então haverá altos e baixos, e cada desafio enfrentado e superado será uma oportunidade de aprendizado e crescimento. Mantenha-se fiel a seus valores fundamentais, continue inovando e se adaptando e tenha o futuro como foco.

Aplique os ensinamentos deste livro com dedicação e propósito. Envolva sua equipe, busque feedback contínuo e celebre cada conquista ao longo do caminho. Com uma visão clara, uma mentalidade estratégica e um compromisso com a inovação e a sustentabilidade, você pode transformar sua empresa em uma liderança de mercado e criar um impacto positivo duradouro.

## A ARTE DE DISCERNIR: PÉROLAS, PORCOS E CÃES

O mundo tem ficado cada vez mais complexo e sonoro. Para continuar nessa jornada, encontramos nas páginas da Bíblia palavras de sabedoria que ecoam com extraordinária relevância nessa realidade. Particularmente, me intriga a passagem de Jesus em Mateus 7:6: "Não deem o que é sagrado aos cães nem atirem as suas pérolas aos porcos; caso contrário, estes as pisarão e aqueles, voltando-se contra vocês, os despedaçarão".[16]

Um cão, por natureza, não consegue apreciar o valor de algo sagrado. Da mesma maneira, um porco jamais

---

16. BÍBLIA. Novo Testamento. Mateus 7:6. **Nova Versão Internacional**. Disponível em: https://www.bibliaonline.com.br/nvi/mt/7/6. Acesso em: 9 out. 2024.

entenderá a beleza e o valor de uma pérola rara. Foi com base nesses fatos óbvios que Jesus nos avisou. E, para que fique claro, Ele não estava falando da alimentação de animais de estimação.

Pérolas, nos tempos antigos, eram consideradas itens de valor inestimável. Quando Jesus fala de dar pérolas aos porcos, Ele nos convida a refletir sobre a importância de discernir com quem e quando compartilhamos nossa sabedoria, nossos recursos, nosso tempo e nossa energia. Tanto nos negócios quanto na vida, nem todo cliente, parceiro ou colaborador valorizará sua proposta, sua visão ou seu serviço. Assim como você não daria um diamante a alguém que o considera só um pedaço de vidro, é crucial proteger suas ideias e seus investimentos daqueles que não os apreciam.

Dar pérolas aos porcos não é apenas inútil, também é perigoso. Em um contexto empresarial, pode significar gastar recursos em projetos sem futuro ou investir em relações comerciais que acabam prejudicando sua marca ou sua comunicação. A questão é: o valor reside não somente nas pérolas que oferecemos, mas também em nossa capacidade de discernir onde, para quem e quando as oferecer. Em vez de espalhar recursos indiscriminadamente, foque colocá-los onde eles terão o impacto máximo.

Do mesmo modo que as pérolas, o "sagrado" indicado por Jesus se refere ao que é precioso para nós. Em nossa vida e nossa carreira, é essencial considerar o que é sagrado e tratá-lo com o devido respeito. Ao discernir corretamente a quem oferecemos nossas pérolas, evitamos conflitos desnecessários. Nos negócios, isso significa evitar parcerias problemáticas ou investimentos arriscados que acabem gerando disputas e perdas.

Contudo, discernir o positivo do negativo nem sempre é fácil. Requer prática, experiência e, muitas vezes, aprendizado com os erros. À medida que você aprimora essa habilidade, torna-se mais seguro em suas decisões. Jesus, muito sábio, não estava desencorajando o ato de oferecer as pérolas, e sim enfatizando a importância de entregá-las com discernimento. Ele nos desafia a valorizar as relações que reconhecem e respeitam o que fornecemos.

É fundamental ajudar os outros sem esperar nada em troca, assim como é importante garantir que seus esforços, seu carinho e, mais crucialmente, o que você tem de mais sagrado sejam destinados a pessoas que de fato os valorizam.

A lição de Jesus é universal e atemporal. Seja na vida pessoal, seja na espiritualidade, seja nos negócios, a sabedoria de discernir é uma habilidade inestimável. Na vida e nos negócios, o equilíbrio é a chave. Ao equilibrar sua generosidade com o discernimento, você garante que suas pérolas sejam valorizadas e protegidas.

Para encerrar, convido você a refletir sobre suas pérolas. Onde você as está lançando? O que e para quem você está falando? Você está entregando com discernimento o que é sagrado? As palavras de Jesus continuam relevantes, desafiando-nos a viver e a fazer negócios com sabedoria e propósito.

# CONCLUSÃO

Não tenho dúvida alguma de que sua cabeça e seus sentimentos estão fervilhando neste momento. Afinal, os princípios e as estratégias discutidos aqui oferecem um roteiro claro para quem deseja se destacar em um mercado competitivo e em constante mudança como o contemporâneo. Não há por que resistir.

Meu sentimento é de missão cumprida, pois consegui compartilhar meu conhecimento empírico com você, que tomou a decisão de entender todas as transformações que já aconteceram (ou estão em processo) ao ler este livro. Agora, você sabe o que mudou e como se adaptar.

Encerrar esta obra com uma proposta de reflexão sobre a jornada percorrida e os ensinamentos absorvidos é uma oportunidade para reafirmar o compromisso com o crescimento contínuo e a inovação sustentável. Só cresce e muda de estágio quem decide parar para pensar, entender e tomar decisões conscientes.

**Ao aplicar os ensinamentos distribuídos ao longo dos capítulos, você construirá uma base sólida para seu sucesso no longo prazo.**

Lembre-se de que o verdadeiro sucesso não se mede apenas pelo lucro, e sim pelo impacto positivo que sua empresa pode ter em funcionários, em clientes, na comunidade e no meio ambiente. Vivemos em sociedade, e fechar os olhos para ela e para as necessidades que ela apresenta é um erro que pode lhe custar muito mais do que um negócio.

Por fim, nunca é demais lembrar que a jornada para o sucesso é contínua, e que cada passo dado em direção ao crescimento e à inovação é um passo em direção a um futuro mais próspero e sustentável. Nada é definitivo. Por isso, constantemente revisite suas decisões e estratégias e busque novos pensamentos e visões diferentes. Quanto mais você se permitir aprender, mais sua mente se expandirá, e novas ideias e soluções tenderão a aparecer.

Acredite no potencial de sua empresa, mantenha-se motivado mesmo em momentos difíceis e continue a perseguir a excelência em todas as ações.